Kuchnia na Spokojnie
Smaki Powolnego Gotowania

Zuzanna Nowak

Treść

Makaron Z Kurczaka, Wolnowar 22
TREŚĆ 22
PRZYGOTOWANIE 23
Kurczak Cebulowy 25
TREŚĆ 25
PRZYGOTOWANIE 25
Pulpety z kurczaka z natką pietruszki 26
TREŚĆ 26
PRZYGOTOWANIE 27
Kurczak z cebulą perłową i grzybami 28
TREŚĆ 28
PRZYGOTOWANIE 28
Kurczak z ananasem 30
TREŚĆ 30
PRZYGOTOWANIE 30
Zapiekanka z kurczakiem i ryżem 32
TREŚĆ 32
PRZYGOTOWANIE 32

pikantny kurczak 33

TREŚĆ 33

PRZYGOTOWANIE 33

Chiński kurczak i warzywa 35

TREŚĆ 35

PRZYGOTOWANIE 35

Kornwalijskie kurczaki dziczyzny z ryżem 37

TREŚĆ 37

PRZYGOTOWANIE 37

Kurczak po kornwalii z sosem rodzynkowym 38

TREŚĆ 38

PRZYGOTOWANIE 38

Country Captain Pierś z kurczaka 40

TREŚĆ 40

PRZYGOTOWANIE 41

Kurczak i grzyby na podwórku 43

TREŚĆ 43

PRZYGOTOWANIE 43

Kurczak Country Club 44

TREŚĆ 44

PRZYGOTOWANIE 44

kurczak z żurawiną 46

TREŚĆ 46

PRZYGOTOWANIE 46

Kurczak z żurawiną II 47

TREŚĆ 47

PRZYGOTOWANIE 47

Kurczak z serkiem śmietankowym 49

TREŚĆ 49

PRZYGOTOWANIE 49

Kremowy kurczak i karczochy 51

TREŚĆ 51

PRZYGOTOWANIE 51

Kremowy włoski kurczak 53

TREŚĆ 53

PRZYGOTOWANIE 54

Kreolski kurczak 55

TREŚĆ 55

PRZYGOTOWANIE 55

Hot Dog Kreolski Kurczak 57

TREŚĆ 57

PRZYGOTOWANIE 57

Kurczak i karczochy w garnku 59

TREŚĆ 59

PRZYGOTOWANIE 59

Gulasz z kurczaka i sos 61

TREŚĆ 61

PRZYGOTOWANIE 61

Enchilada z kurczakiem w gorącym garnku Gorący posiłek 63

TREŚĆ 63

PRZYGOTOWANIE 63

Enchilady z duszonym kurczakiem 65

TREŚĆ 65

PRZYGOTOWANIE 65

Tortille z kurczakiem na patelni 66

TREŚĆ 66

PRZYGOTOWANIE 66

zapiekanka zapiekanka 68

TREŚĆ 68

PRZYGOTOWANIE 68

Klopsiki z kurczaka i ziół w garnku 70

TREŚĆ 70

PRZYGOTOWANIE 70

Grillowany kurczak na patelni 72

TREŚĆ 72

PRZYGOTOWANIE 72

Grillowany kurczak na patelni 74

TREŚĆ 74

PRZYGOTOWANIE 74

Gulasz z kurczaka 75

TREŚĆ 75

PRZYGOTOWANIE 76

Gulasz z Kurczaka Chow Mein 77

TREŚĆ 77

PRZYGOTOWANIE 77

Kurczak Cordon Bleu w zapiekance 79

TREŚĆ 79

PRZYGOTOWANIE 79

Gulasz z kurczaka Cordon Bleu II 80

TREŚĆ 80

PRZYGOTOWANIE 80

udka z kurczaka w zapiekance 82

TREŚĆ 82

PRZYGOTOWANIE 82

10. Wariacje 83

Przepis na fricase z kurczaka Crockpot 84

TREŚĆ 84

PRZYGOTOWANIE 85

Zapiekanka z Kurczakiem Rubenem 86

TREŚĆ 86

PRZYGOTOWANIE 87

Gulasz z kurczaka z karczochami 88

TREŚĆ 88

PRZYGOTOWANIE 88

Zapiekanka z kurczakiem w musztardzie Dijon 90

TREŚĆ 90

PRZYGOTOWANIE 90

Garnek z kurczakiem i ryżem 91

TREŚĆ 91

PRZYGOTOWANIE 92

Zapiekanka Pomidorowa Z Kurczakiem 93

TREŚĆ 93

PRZYGOTOWANIE 93

Kurczak Gulasz Cola 94

TREŚĆ 94

PRZYGOTOWANIE 94

Zapiekanka z kurczaka po kreolsku 95

TREŚĆ 95

PRZYGOTOWANIE 95

Podsmaż kurczaka z ziołami i farszem 97

TREŚĆ 97

PRZYGOTOWANIE 97

Podsmaż kurczaka z ziołami i farszem 99

TREŚĆ 99

PRZYGOTOWANIE 99

Kurczak po włosku w garnku 101

TREŚĆ 101

PRZYGOTOWANIE 101

Gulasz z kurczaka z fasolą lima 103

TREŚĆ 103

PRZYGOTOWANIE 103

Turecka rozkosz z mieszanką makaronu i sera 104

TREŚĆ 104

PRZYGOTOWANIE 104

Gulasz Debbie z kurczakiem i farszem 105

TREŚĆ 105

PRZYGOTOWANIE 105

Kurczak Diany a la King 107

TREŚĆ 107

PRZYGOTOWANIE 107

Koperkowy kurczak z warzywami 108

TREŚĆ 108

PRZYGOTOWANIE 108

Don's Słodko-Kwaśny Kurczak 109

TREŚĆ 109

PRZYGOTOWANIE 110

Wolno gotowany kurczak z lekkim serem 111

TREŚĆ 111

PRZYGOTOWANIE 111

Proste Cacciatore z kurczakiem 112

TREŚĆ 112

PRZYGOTOWANIE 112

Prosty sos do makaronu z kurczakiem 113

TREŚĆ 113

PRZYGOTOWANIE 113

Prosty kurczak z migdałami 115

TREŚĆ 115

PRZYGOTOWANIE 115

Prosta łyżka do pieczenia 117

TREŚĆ 117

PRZYGOTOWANIE 117

Łatwy duszony kurczak Santa Fe od Cindy 119

TREŚĆ 119

PRZYGOTOWANIE 119

Łatwy pieczony kurczak z sosem Geoffa 120

TREŚĆ 120

PRZYGOTOWANIE 120

Kurczak z imbirem i ananasem 121

TREŚĆ 121

PRZYGOTOWANIE 121

Grecki kurczak 121

TREŚĆ 121

PRZYGOTOWANIE 122

Podudzia hawajskie 123

TREŚĆ 123

PRZYGOTOWANIE 123

Kurczak z ziołami i warzywami 124

TREŚĆ 124

PRZYGOTOWANIE 125

Kurczak z ziołami i dzikim ryżem 126

TREŚĆ 126

PRZYGOTOWANIE 127

Kurczak z miodem i imbirem 128

TREŚĆ 128

PRZYGOTOWANIE 129

Kurczak pieczony w miodzie z batatami 130

TREŚĆ 130

PRZYGOTOWANIE 130

Kurczak Hoisin z miodem 132

TREŚĆ 132

PRZYGOTOWANIE 132

Kurczak po włosku 134

TREŚĆ 134

PRZYGOTOWANIE 134

Kurczak w garnku, po włosku 136

TREŚĆ 136

PRZYGOTOWANIE 136

Włoskie spaghetti z kurczakiem, wolnowar 138

TREŚĆ 138

PRZYGOTOWANIE 138

Łatwy kurczak Strogonow 140

TREŚĆ 140

PRZYGOTOWANIE 140

Kurczak wolnowarowy z sosem serowym Lilly's 142

TREŚĆ 142

PRZYGOTOWANIE 142

Pierś z kurczaka po meksykańsku 143

TREŚĆ 143

• Dodatkowe dekoracje 143

PRZYGOTOWANIE 144

Kurczak Pauli z porem 146

TREŚĆ 146

PRZYGOTOWANIE 146

Bezczelne grillowane udka z kurczaka Jack Daniel's 147

TREŚĆ 147

• Sos grilowy 147

PRZYGOTOWANIE 148

Kurczak i kluski Sherri 150

TREŚĆ 150

PRZYGOTOWANIE 150

Prosty grill z kurczakiem w powolnym gotowaniu 152

TREŚĆ 152

PRZYGOTOWANIE 152

Kurczak Dijon z wolnowaru 154

TREŚĆ 154

PRZYGOTOWANIE 154

Grillowany kurczak w powolnym gotowaniu 155

TREŚĆ 155

PRZYGOTOWANIE 155

Zabatak z kurczaka grillowany w trybie powolnego gotowania 156

TREŚĆ 156

PRZYGOTOWANIE 156

Sos do makaronu z kurczakiem i kiełbasą wolnowarujący 158

TREŚĆ 158

PRZYGOTOWANIE 158

Curry z kurczaka w wolnym gotowaniu 160

TREŚĆ 160

PRZYGOTOWANIE 160

Curry z kurczaka w wolnym gotowaniu z ryżem 161

TREŚĆ 161

PRZYGOTOWANIE 161

Enchilady z kurczaka w powolnej kuchence 163

TREŚĆ 163

PRZYGOTOWANIE 164

Fricassee z kurczakiem w wolnym gotowaniu z warzywami 165

TREŚĆ 165

PRZYGOTOWANIE 165

Wolno gotowany kurczak z pikantnym sosem 167

TREŚĆ 167

PRZYGOTOWANIE 167

Wolnowarujący kurczak Madras z curry w proszku 168

TREŚĆ 168

PRZYGOTOWANIE 168

Kurczak z grzybami w wolnym gotowaniu 169

TREŚĆ 169

PRZYGOTOWANIE 169

Wolnowar Cordon Bleu 171

TREŚĆ 171

PRZYGOTOWANIE 171

Kurczak Dijon z wolnowaru 173

TREŚĆ 173

PRZYGOTOWANIE 173

Kurczak z cytryną w wolnym gotowaniu 175

TREŚĆ 175

PRZYGOTOWANIE 176

Wolno gotowany kurczak 177

TREŚĆ 177

PRZYGOTOWANIE 178

Wędzona kiełbasa i kapusta 179

TREŚĆ 179

PRZYGOTOWANIE 179

Kurczak z ryżem hiszpańskim 181

TREŚĆ 181

PRZYGOTOWANIE 181

Udka z kurczaka Tamy na grillu 183

TREŚĆ 183

PRZYGOTOWANIE 183

Mozzarella z kurczakiem duszona w Tamino 184

TREŚĆ 184

PRZYGOTOWANIE 184

Mięso z kurczaka z białą papryką 185

TREŚĆ 185

PRZYGOTOWANIE 185

Kurczak i czarna fasola w wolnym gotowaniu 186

TREŚĆ 186

PRZYGOTOWANIE 186

Kurczak i sos, wolnowar 188

TREŚĆ 188

PRZYGOTOWANIE 188

Kurczak i grzyby, wolnowar 189

TREŚĆ 189

PRZYGOTOWANIE 189

Ryż z kurczakiem i parmezanem, powolne gotowanie 191

TREŚĆ 191

PRZYGOTOWANIE 191

Kurczak i krewetki 192

TREŚĆ 192

PRZYGOTOWANIE 192

Przepis na kurczaka i farsz 194

TREŚĆ 194

PRZYGOTOWANIE 194

Pierś z kurczaka z kremowym sosem kreolskim 196

TREŚĆ 196

PRZYGOTOWANIE 196

Kurczak chili z hominy 198

TREŚĆ 198

PRZYGOTOWANIE 198

kurczak jest pyszny 199

TREŚĆ 199

PRZYGOTOWANIE 199

Enchilady z kurczaka w powolnej kuchence 201

TREŚĆ 201

PRZYGOTOWANIE 201

Kurczak Las Vegas 202

TREŚĆ 202

PRZYGOTOWANIE 202

Paryski kurczak z wolnowaru 203

TREŚĆ 203

PRZYGOTOWANIE 203

Zapiekanka z kurczakiem Reuben, wolnowar 204

TREŚĆ 204

PRZYGOTOWANIE 204

Kurczak z żurawiną 205

TREŚĆ 205

PRZYGOTOWANIE 205

Kurczak z sosem i sosem, wolnowar......................207

TREŚĆ......................207

PRZYGOTOWANIE......................207

Kurczak z makaronem i wędzonym serem gouda......................209

TREŚĆ......................209

PRZYGOTOWANIE......................209

Kurczak z grzybami i cebulą perłową, wolnowar......................211

TREŚĆ......................211

PRZYGOTOWANIE......................211

Kurczak z ananasem......................212

TREŚĆ......................212

PRZYGOTOWANIE......................212

Kurczak Kapitan Kraju......................214

TREŚĆ......................214

PRZYGOTOWANIE......................215

Kurczak i grzyby na podwórku......................216

TREŚĆ......................216

PRZYGOTOWANIE......................216

kurczak z żurawiną......................217

TREŚĆ......................217

PRZYGOTOWANIE......................217

Makaron Z Kurczaka, Wolnowar

TREŚĆ

- 2 łyżeczki bulionu z kurczaka w granulkach lub bulionie
- 1 łyżka posiekanej świeżej pietruszki
- 3/4 łyżeczki przyprawy do drobiu
- 1/3 szklanki. pokrojony w kostkę bekon kanadyjski lub szynka wędzona
- 2 do 3 marchewek pokrojonych w cienkie plasterki
- 2 żeberka selera pokrojone w cienkie plasterki
- 1 mała cebula pokrojona w cienkie plasterki
- 1/4 szklanki. Ten
- 1 smażony w głębokim tłuszczu kurczak (około 3 funtów), posiekany
- 1 (10 3/4 uncji) skondensowanej zupy z sera Cheddar
- 1 łyżka mąki uniwersalnej
- 1 (16 uncji) opakowanie. duży makaron jajeczny, ugotowany i odsączony
- 2 łyżki pokrojonego ziela angielskiego
- 2 łyżki startego parmezanu

PRZYGOTOWANIE

1. W małej misce wymieszaj bulion lub bulion z kurczaka, posiekaną natkę pietruszki i przyprawę do kurczaka; zostaw to na bok.

2. Do wolnowaru włóż boczek lub szynkę kanadyjską, marchewkę, seler i cebulę. Dodaj wodę.

3. Usuń skórę i nadmiar tłuszczu z kurczaka; spłucz i wysusz. Połowę kurczaka włóż do wolnowaru. Posypać połową osobnej mieszanki przypraw. Na wierzch połóż resztę kurczaka i posyp pozostałą mieszanką przypraw.

4. Zupę wymieszać z mąką i polać kurczaka; Nie mieszaj.

5. Przykryj i gotuj przez 3 do 3 1/2 godziny na poziomie HIGH lub 6 do 8 godzin na poziomie Low lub do momentu, aż kurczak będzie miękki, a soki z kurczaka będą klarowne.

6. Umieść gorący ugotowany makaron w naczyniu żaroodpornym o pojemności od 2 do 2 1/2 litra. Ułóż kurczaka na makaronie. Mieszaj zupę i warzywa w garnku, aż się połączą. Połóż łyżkę warzyw i odrobinę płynu na kurczaka. Posypać pokrojoną w plasterki papryką i parmezanem.

7. Piec w odległości 4 do 6 cali od źródła ciepła przez 5 do 8 minut lub do momentu lekkiego zrumienienia.

8. W razie potrzeby udekoruj gałązką pietruszki.

9. Przepis na kurczaka alpejskiego przeznaczony jest dla 4 do 6 osób.

Kurczak Cebulowy

TREŚĆ

- 4 duże cebule pokrojone w cienkie plasterki
- 5 ząbków czosnku, posiekanych
- 1/4 szklanki soku z cytryny
- 1 łyżeczka soli
- 1/4 łyżeczki pieprzu cayenne (lub więcej, jeśli lubisz)
- 4 do 6 mrożonych piersi z kurczaka bez kości, nie trzeba rozmrażać
- gorący gotowany ryż

PRZYGOTOWANIE

1. Umieść wszystkie składniki oprócz ryżu w Crock Pot. Dobrze wymieszaj. Gotuj na poziomie LOW przez 4 do 6 godzin lub do momentu, aż kurczak będzie ugotowany i wciąż miękki.

2. Podawać z ryżem.

Pulpety z kurczaka z natką pietruszki

TREŚĆ

- 4 do 6 połówek piersi kurczaka bez skóry
- 1 sztuka soli, pieprzu czarnego, tymianku suszonego, majeranku i papryki czerwonej
- 1 duża cebula, pokrojona w plasterki, podzielona
- 2 pory pokrojone w plasterki
- 4 marchewki, pokrojone na większe kawałki
- 1 ząbek czosnku, posiekany
- 1 szklanka bulionu z kurczaka
- 1 łyżka skrobi kukurydzianej
- 1 puszka (10 3/4 uncji) zagęszczonego kremu z rosołu
- 1/2 szklanki białego wytrawnego wina
- Klopsiki
- 1 szklanka Bisquicka
- 8 łyżek mleka
- 1 łyżeczka suszonych liści pietruszki
- szczypta soli
- papryczka chili
- krótka papryka

PRZYGOTOWANIE

1. Kurczaka posypać solą, pieprzem, tymiankiem, majerankiem i papryką. Na dnie naczynia żaroodpornego ułóż połówkę cebuli, por i marchewkę. Rozłóż kurczaka na warzywach. Posyp kurczaka posiekanym czosnkiem, następnie dodaj pozostałe plasterki cebuli. Rozpuść 1 łyżkę skrobi kukurydzianej w 1 szklance bulionu z kurczaka, następnie wymieszaj z kremem z rosołu i winem. Gotuj na poziomie HIGH przez około 3 godziny lub na poziomie LOW przez około 6 godzin (jeśli gotujesz na poziomie LOW, włącz opcję HIGH po dodaniu klopsików).

2. Kurczak powinien być miękki, ale nie suchy.

3. **Klopsiki:** Wymieszaj 1 szklankę ciastek, około 8 łyżek mleka, natkę pietruszki, sól, czarny pieprz i paprykę; Uformuj kulki i połóż na wierzchu mieszanki kurczaka na ostatnie 35–45 minut gotowania.

4. Dla 4 do 6 osób.

Kurczak z cebulą perłową i grzybami

TREŚĆ

- 4 do 6 połówek piersi kurczaka bez kości, pokrojonych na 1-calowe kawałki
- 1 puszka (10 3/4 uncji) kremu z kurczaka lub kremu z kurczaka i zupy grzybowej
- 8 uncji pokrojonych w plasterki grzybów
- 1 torebka (16 uncji) mrożonej cebuli perłowej
- pieprz i sól do smaku
- posiekana natka pietruszki do dekoracji

PRZYGOTOWANIE

1. Umyj i osusz kurczaka. Pokrój na kawałki o wielkości około 1/2 do 1 cala i umieść w dużej misce. Dodać bulion, grzyby i cebulę; wymieszać, aby połączyć. Spryskaj wolnowar sprayem kuchennym.

2. Wlać mieszaninę kurczaka do naczynia żaroodpornego, doprawić solą i pieprzem.

3. Doprowadź do wrzenia i gotuj na LOW przez 6 do 8 godzin, mieszając, jeśli to możliwe, mniej więcej w połowie czasu gotowania.

4. W razie potrzeby udekoruj świeżo posiekaną natką pietruszki i podawaj z gorącym gotowanym ryżem lub ziemniakami.

5. Dla 4 do 6 osób.

Kurczak z ananasem

TREŚĆ

- 1 do 1 1/2 funta polędwiczek z kurczaka, pokrojonych na 1-calowe kawałki
- 2/3 szklanki dżemu ananasowego
- 1 łyżka plus 1 łyżeczka sosu teriyaki
- Cienko pokrojone 2 ząbki czosnku
- 1 łyżka suszonej, posiekanej cebuli (lub 1 pęczek świeżej, posiekanej cebuli dymki)
- 1 łyżka soku z cytryny
- 1/2 łyżeczki mielonego imbiru
- ostra czerwona papryka do smaku
- 1 opakowanie (10 uncji) groszku cukrowego, rozmrożonego

PRZYGOTOWANIE

1. Umieść kawałki kurczaka w wolnowarze/garnku.

2. Wymieszać dżem, sos teriyaki, czosnek, cebulę, sok z cytryny, imbir i paprykę; Dobrze wymieszać. Połóż łyżkę na kurczaku.

3. Przykryj i gotuj na małym ogniu przez 6 do 7 godzin. Na ostatnie 30 minut dodać groszek.

4. Serwis 4.

Zapiekanka z kurczakiem i ryżem

TREŚĆ

- 4 do 6 dużych piersi z kurczaka, bez kości, ze skórą
- 1 opakowanie kremu z kurczaka
- 1 opakowanie zupy krem z selera
- 1 opakowanie kremu zupy grzybowej
- 1/2 szklanki posiekanego selera
- 1 do 1 1/2 szklanki ugotowanego ryżu

PRZYGOTOWANIE

1. W wolnowarze wymieszaj 3 puszki zupy i ryżu. Na mieszaninę włóż kurczaka i dodaj posiekany seler. Gotuj 3 godziny w najwyższej temperaturze lub około 6-7 godzin w niskiej temperaturze.

2.4 Na 4 do 6 porcji.

pikantny kurczak

TREŚĆ

- 6 połówek piersi kurczaka bez kości, pokrojonych na 1-calowe kawałki
- 1 szklanka posiekanej cebuli
- 1 szklanka posiekanej papryki
- 2 ząbki czosnku
- 2 łyżki stołowe. olej roślinny
- 2 puszki meksykańskich gotowanych pomidorów (około 15 uncji każda)
- 1 puszka gorącej fasoli
- 2/3 szklanki sosu picante
- 1 łyżeczka. chili w proszku
- 1 łyżeczka. Kima
- 1/2 łyżeczki. Sól

PRZYGOTOWANIE

1. Podsmaż kurczaka, cebulę, paprykę, czosnek na oleju roślinnym, aż warzywa zwiędną. Przenieść do wolnowaru; Dodaj pozostałe składniki. Przykryj i gotuj na poziomie LOW przez 4 do 6 godzin. Podawać z ryżem.

2,4 do 6 osób.

Chiński kurczak i warzywa

TREŚĆ

- 1 do 1 1/2 funta piersi z kurczaka bez kości
- 2 szklanki grubo posiekanej kapusty
- 1 średnia cebula, pokrojona na duże kawałki
- 1 średnia czerwona papryka, pokrojona na większe kawałki
- 1 opakowanie przyprawy Kikkoman do sałatki z kurczakiem
- 1 łyżka octu winnego z czerwonego wina
- 2 łyżeczki miodu
- 1 łyżka sosu sojowego
- 1 szklanka mrożonych mieszanych warzyw wschodnich
- 2 łyżki skrobi kukurydzianej
- 1 łyżka zimnej wody

PRZYGOTOWANIE

1. Pokrój kurczaka na kawałki o grubości 1 1/2 cala. Umieść pierwsze 8 składników w powolnej kuchence; Dobrze wymieszać. Przykryj i gotuj na małym ogniu przez 5 do 7 godzin. Wymieszaj skrobię kukurydzianą i zimną wodę; Dodaj warzywa i gotuj przez kolejne 30 do 45 minut, aż warzywa będą miękkie.

2,4 do 6 osób.

Kornwalijskie kurczaki dziczyzny z ryżem

TREŚĆ

- 2 dziczyzna kornwalijska
- 1/2 szklanki bulionu z kurczaka
- Sól i pieprz cytrynowy do smaku
- gorący gotowany ryż

PRZYGOTOWANIE

1. Włóż kurczaka po kornwalii do wolnowaru (jeśli wolisz, najpierw przysmaż kurczaka na lekko naoliwionej patelni). Dodaj bulion z kurczaka. Posyp kurczaka solą i pieprzem cytrynowym. Gotuj na poziomie LOW przez 7 do 9 godzin. Usuń kurczaka i chudy tłuszcz; Zagęścić sok mieszaniną 1 1/2 łyżki skrobi kukurydzianej i 1 łyżki zimnej wody. Podawać z gorącym ugotowanym ryżem. dla 2 osób.

Kurczak po kornwalii z sosem rodzynkowym

TREŚĆ

- 1 opakowanie (6 uncji) mieszanki farszowej przygotowanej zgodnie z zaleceniami
- 4 Kornwalijska gra
- sól i pieprz
- .
- Sos winogronowy
- 1 słoik (10 uncji) galaretki porzeczkowej
- 1/2 szklanki rodzynek
- 1/4 szklanki masła
- 1 łyżka soku z cytryny
- 1/4 łyżeczki ziela angielskiego

PRZYGOTOWANIE

1. Przygotowanym farszem nadziewamy kurczaki; posypać solą i pieprzem. Włóż do wolnowaru arkusz blachy lub zmięty kawałek folii spożywczej, aby zapobiec nasiąkaniu sosem kurczaka. Jeśli używasz głębokiego, wąskiego garnka, połóż kury kornwalijskie

szyją w dół. W 1-litrowym garnku wymieszaj galaretkę, rodzynki, masło, sok z cytryny i ziele angielskie. Gotuj na małym ogniu, mieszając, aż się rozgrzeje i zagotuje. Część sosu rozsmaruj na kurczaku w garnku.

2. Pozostały sos ostudzić do momentu podania. Przykryj i gotuj na poziomie LOW przez 5 do 7 godzin, naciskając raz na około godzinę przed gotowaniem. Pozostały sos zagotować i polać nim kurczaka podczas serwowania.

Na 3,4 porcji.

Country Captain Pierś z kurczaka

TREŚĆ

- 2 średnie jabłka Granny Smith, bez skórki i kostek (nieobrane)
- 1/4 szklanki drobno posiekanej cebuli
- 1 mała zielona papryka, oczyszczona z nasion i drobno posiekana
- 3 ząbki czosnku, posiekane
- 2 łyżki rodzynek lub porzeczek
- 2 do 3 łyżeczek curry
- 1 łyżeczka mielonego imbiru
- 1/4 łyżeczki mielonej papryki lub do smaku
- 1 puszka (około 14 1/2 uncji) pokrojonych w kostkę pomidorów
- 6 piersi z kurczaka bez kości i skóry
- 1/2 szklanki bulionu z kurczaka
- 1 szklanka przetworzonego białego ryżu długoziarnistego
- 1 funt średnich lub dużych krewetek, w skorupach i devein, niegotowanych, według uznania
- 1/3 szklanki startych migdałów
- Sól koszerna
- Posiekana pietruszka

PRZYGOTOWANIE

1. W wolnowarze o pojemności od 4 do 6 litrów wymieszaj posiekane jabłko, cebulę, paprykę, czosnek, złote rodzynki lub porzeczki, curry, imbir i mielony pieprz; wymieszać pomidory.

2. Połóż kurczaka na mieszance pomidorów tak, aby kawałki lekko na siebie zachodziły. Wlać bulion z kurczaka na połówki piersi z kurczaka. Przykryj i gotuj na poziomie LOW, aż kurczak będzie miękki po nakłuciu widelcem, około 4 do 6 godzin.

3. Wyjmij kurczaka na ciepły talerz, luźno przykryj i trzymaj w cieple w piekarniku lub szufladzie do podgrzewania w temperaturze 200°F.

4. Wymieszaj ryż z płynem do gotowania. Podnieś temperaturę do wysokiej; Przykryj i gotuj, mieszając raz lub dwa razy, aż ryż będzie prawie miękki, około 35 minut. Wymieszaj krewetki, jeśli używasz; przykryj i gotuj przez około 15 minut, aż środek krewetek stanie się nieprzezroczysty; Wytnij w celu przetestowania.

5. W międzyczasie na małej patelni z powłoką nieprzywierającą na średnim ogniu podsmaż migdały, mieszając od czasu do czasu, aż uzyskają złoty kolor. Zostaw to na boku.

6. Posolić mieszankę ryżową przed podaniem. Wlać na gorący talerz do serwowania; Na wierzchu ułóż kurczaka. Posyp natką pietruszki i migdałami.

Kurczak i grzyby na podwórku

TREŚĆ

- 1 słoik sosu wiejskiego
- 4 do 6 piersi z kurczaka
- 8 uncji pokrojonych w plasterki grzybów
- pieprz i sól do smaku

PRZYGOTOWANIE

1. Połącz wszystkie składniki; Przykryj i gotuj na małym ogniu przez 6 do 7 godzin. Podawać z ryżem lub makaronem.

2,4 do 6 osób.

Kurczak Country Club

TREŚĆ

- 5 jabłek obranych, wypestkowanych i posiekanych
- 6 do 8 zielonych cebul, pokrojonych w plasterki
- 1 funt podudzi z kurczaka, bez kości, bez skóry i tłuszczu, pokrojonych w 2-calowe kostki
- 6 do 8 uncji pokrojonego sera szwajcarskiego
- 1 puszka (10 1/2 uncji) kremu z rosołu dobrze wymieszanego z 1/4 szklanki mleka
- 1 puszka (6 uncji) farszu Pepperidge Farm Apple Raisin lub użyj ulubionej mieszanki nadzienia
- 1/4 szklanki roztopionego masła
- 3/4 szklanki soku jabłkowego

PRZYGOTOWANIE

1. Umieść składniki w tej samej kolejności jak powyżej w wolnowarze o pojemności od 3,5 do 5 litrów. Powstałą zupę

polej warstwą serów, posmaruj masłem i na koniec skrop sokiem jabłkowym, dbając o to, aby płyn nasiąkł cały chleb.

2. Przykryj i gotuj przez 1 godzinę na poziomie HIGH i kolejne 4 do 5 godzin na poziomie LOW.

3. Notatka Rose-Marie:

4. Zjedliśmy bezczynnie, ale polecam podawać z ryżem zwykłym, bo to świetny sos, a wewnętrzna zaprawa ginie w naczyniu.

kurczak z żurawiną

TREŚĆ

- 4 do 6 połówek piersi kurczaka bez kości i skóry

- 1 puszka całego sosu żurawinowego

- 2/3 szklanki sosu chili

- 2 łyżki octu jabłkowego

- 2 łyżki brązowego cukru

- 1 opakowanie suchej mieszanki zupy cebulowej (Lipton).

PRZYGOTOWANIE

1. Umieść piersi z kurczaka w wolnowarze/garnku. Połącz pozostałe składniki; Dodaj kurczaka do wolnowaru/garnka, dobrze go pokryj. Przykryj i gotuj na małym ogniu przez 6 do 8 godzin.

2,4 do 6 osób.

Kurczak z żurawiną II

TREŚĆ

- 2 kg piersi z kurczaka bez kości i skóry
- 1/2 szklanki posiekanej cebuli
- 2 łyżeczki oleju roślinnego
- 2 łyżeczki soli
- 1/2 łyżeczki mielonego cynamonu
- 1/4 łyżeczki mielonego imbiru
- 1/8 łyżeczki mielonego kokosa
- Zetrzyj zmielony pieprz
- 1 szklanka soku pomarańczowego
- 2 łyżeczki drobno startej skórki pomarańczowej
- 2 szklanki świeżej lub mrożonej żurawiny
- 1/4 szklanki brązowego cukru

PRZYGOTOWANIE

1. Na oleju podsmaż kawałki kurczaka i cebulę; posypać solą.

2. Do garnka dodać smażonego kurczaka, cebulę i pozostałe składniki.

3. Przykryj i gotuj na poziomie LOW przez 5 1/2 do 7 godzin.

4. W razie potrzeby pod koniec gotowania zagęścić sok mieszanką około 2 łyżek skrobi kukurydzianej wymieszanej z 2 łyżkami zimnej wody.

Kurczak z serkiem śmietankowym

TREŚĆ

- 3 do 3 1/2 kg kawałków kurczaka
- 2 łyżki roztopionego masła
- pieprz i sól do smaku
- 2 łyżki wytrawnego sosu do sałatek włoskich
- 1 puszka (10 3/4 uncji) kremowej zupy grzybowej
- 8 uncji serka śmietankowego, pokrojonego w kostkę
- 1/2 szklanki białego wytrawnego wina
- 1 łyżka posiekanej cebuli

PRZYGOTOWANIE

1. Kurczaka posmaruj masłem i posyp solą i pieprzem. Posyp wierzch wolno gotowaną i suchą mieszanką sosu.

2. Przykryj i gotuj na małym ogniu przez 6 do 7 godzin lub do momentu, aż kurczak będzie miękki i ugotowany.

3. W małym garnku wymieszaj zupę, serek śmietankowy, wino i cebulę na około 45 minut przed gotowaniem. Gotuj, aż będzie gładka i musująca.

4. Polać kurczaka, przykryć i gotować przez kolejne 30 do 45 minut.

5. Podawaj kurczaka z sosem.

6. Dla 4 do 6 osób.

Kremowy kurczak i karczochy

TREŚĆ

- 2 do 3 szklanek ugotowanego, pokrojonego w kostkę kurczaka
- 2 szklanki mrożonych ćwiartek karczochów lub 1 puszka (około 15 uncji), odsączone
- 2 uncje posiekanego ziela angielskiego, odsączonego
- 1 słoik (16 uncji) sosu Alfredo
- 1 łyżeczka kurczaka lub bulionu
- 1/2 łyżeczki suszonej bazylii
- 1/2 łyżeczki czosnku w granulkach lub proszku
- 1 łyżeczka suszonej pietruszki według uznania
- pieprz i sól do smaku
- 8 uncji spaghetti, ugotowanego i odsączonego, jeśli to pożądane

PRZYGOTOWANIE

1. Pół kilograma filetu z kurczaka gotuję w wodzie z odrobiną cytryny i czosnku, ale można też użyć gotowanej piersi z kurczaka lub resztek kurczaka. Wymieszaj wszystkie składniki w

garnku; Przykryj i gotuj na małym ogniu przez 4 do 6 godzin. Wymieszaj z gorącym ugotowanym makaronem lub użyj jako sosu do ryżu lub makaronu. Ten przepis na wolnowar z kurczakiem i karczochami przeznaczony jest dla 4 do 6 osób.

Kremowy włoski kurczak

TREŚĆ

- 4 piersi z kurczaka bez kości i skóry
- 1 koperta mieszanki sosu do sałatek włoskich
- 1/3 szklanki wody
- 1 opakowanie (8 uncji) serka śmietankowego, miękkiego
- 1 puszka (10 3/4 uncji) skondensowanej śmietanki z bulionu z kurczaka, nierozcieńczona
- 1 puszka (4 uncje) łodyg i kawałków grzybów, odsączonych
- Gorący gotowany ryż lub makaron

PRZYGOTOWANIE

1. Włóż połówki piersi kurczaka do wolnowaru. Połącz mieszankę sosu sałatkowego i wodę; Polej kurczaka. Przykryj i gotuj na poziomie LOW przez 3 godziny. W małej misce wymieszaj ser śmietankowy i zupę, aż się połączą. Wymieszaj grzyby. Wlać mieszaninę sera śmietankowego na kurczaka. Gotuj od 1 do 3 godzin dłużej lub do momentu, aż soki z kurczaka staną się klarowne. Podawaj włoskiego kurczaka z ryżem lub gorącym makaronem.

2. Serwis 4.

Kreolski kurczak

TREŚĆ

- 1 pieczony kurczak pokrojony w kostkę, około 3 kilogramy kawałków kurczaka
- 1 posiekana zielona papryka
- 6 główek dymki, około 1 pęczek posiekanej
- 1 puszka (14,5 uncji) pomidorów, nieodsączonych, posiekanych
- 1 puszka (6 uncji) koncentratu pomidorowego
- 4 uncje pokrojonej w kostkę gotowanej szynki
- 1 łyżeczka soli
- Kilka kropel ostrego sosu paprykowego w butelce, np. Tabasco
- 1/2 funta wędzonej kiełbasy, andouille, kiełbasy itp.
- 3 szklanki ugotowanego ryżu

PRZYGOTOWANIE

1. W powolnym naczyniu wymieszaj kurczaka, paprykę, cebulę, pomidory, koncentrat pomidorowy, szynkę, sól i sos pieprzowy.

2. Przykryj i gotuj na małym ogniu przez 6 godzin. Ustaw regulator na wysoki i dodaj kiełbasę i ugotowany ryż. Przykryj i gotuj na dużym ogniu przez kolejne 20 minut.

Hot Dog Kreolski Kurczak

TREŚĆ

- 1 1/2 kg udek z kurczaka bez kości, pokrojonych na kawałki
- 12 uncji wędzonej kiełbasy andouille, pokrojonej na kawałki o wielkości od 1 do 2 cali
- 1 szklanka posiekanej cebuli
- 3/4 szklanki bulionu z kurczaka lub wody
- 1 puszka (14,5 uncji) pokrojonych w kostkę pomidorów
- 1 puszka (6 uncji) koncentratu pomidorowego
- 2 łyżeczki przyprawy Cajun lub kreolskiej
- ostra papryka do smaku
- 1 posiekana zielona papryka
- pieprz i sól do smaku
- gorący, ugotowany biały lub brązowy ryż lub ugotowane, odsączone spaghetti

PRZYGOTOWANIE

1. W powolnym naczyniu połącz udka z kurczaka, kawałki kiełbasy veouille, posiekaną cebulę, bulion lub bulion, pomidory (wraz z sokami), koncentrat pomidorowy, przyprawy kreolskie i paprykę.

2. Przykryj mieszankę kurczaka i kiełbasy na poziomie NISKIM i gotuj przez 6 do 7 godzin. Dodaj posiekaną zieloną paprykę na około godzinę przed ugotowaniem potrawy. Posmakuj i dodaj sól i pieprz w razie potrzeby.

3. Podawaj to pyszne danie z kurczaka i kiełbasy z gorącym ugotowanym ryżem lub spaghetti lub makaronem z anielskich włosów.

4. Dla 6 osób.

Kurczak i karczochy w garnku

TREŚĆ

- 3 kg kawałków kurczaka, podsmażonych, posiekanych
- sól dla smaku
- 1/2 łyżeczki pieprzu
- 1/2 łyżeczki czerwonej papryki
- 1 łyżka masła
- 2 słoiki marynowanych karczochów, serca; Rezerwat Morski
- 1 puszka (4 uncje) grzybów, odsączonych
- 2 łyżki szybkowaru z tapioki
- 1/2 szklanki bulionu z kurczaka
- 3 łyżki wytrawnego sherry lub więcej bulionu z kurczaka
- 1/2 łyżeczki suszonego estragonu

PRZYGOTOWANIE

1. Umyj i osusz kurczaka. Kurczaka dopraw solą, pieprzem i papryką. Na dużej patelni, na średnim ogniu, marynuj oddzielnie zrumienionego kurczaka i karczochy na maśle.

2. Na dnie wolnowaru ułóż grzyby i serca karczochów. Posypać tapioką. Dodaj smażone kawałki kurczaka. Wlać bulion z kurczaka i sherry. Dodaj estragon. Przykryj i gotuj na poziomie

NISKIM przez 7 do 8 godzin lub na poziomie WYSOKIM przez 3 1/2 do 4 1/2 godziny.

3. Serwis 4.

Gulasz z kurczaka i sos

TREŚĆ

- 4 połówki piersi kurczaka bez kości i skóry+
- sól i świeżo zmielony czarny pieprz do smaku
- 4 plastry sera szwajcarskiego
- 1 puszka (10 3/4 uncji) zagęszczonego kremu z rosołu
- 1 puszka (10 3/4 uncji) skondensowanej zupy grzybowej lub kremu z selera
- 1 szklanka bulionu z kurczaka
- 1/4 szklanki mleka
- 3 szklanki bułki tartej na farsz doprawiony ziołami
- 1/2 szklanki roztopionego masła

PRZYGOTOWANIE

1. Dopraw pierś kurczaka solą i pieprzem i włóż do wolnowaru. Wlać bulion z kurczaka na pierś kurczaka. Na każdą pierś połóż plaster sera szwajcarskiego.

2. W misce wymieszaj dwie puszki zupy i mleka; Dobrze wymieszać. Wlać mieszaninę zupy na kurczaka. Całość posypujemy mieszanką nadzienia. Posmaruj roztopionym masłem warstwę nadzienia.

3. Zamknij pokrywkę i gotuj na małym ogniu przez 5 do 7 godzin.

4. **Uwaga**: Pierś z kurczaka jest bardzo chuda i sucha, gdy jest rozgotowana.

5. W zależności od kuchenki kurczak może być doskonale ugotowany w ciągu 4 godzin lub mniej. Wypróbuj przepis z udkami z kurczaka bez kości, aby uzyskać dłuższy czas gotowania.

Enchilada z kurczakiem w gorącym garnku Gorący posiłek

TREŚĆ

- 9 tortilli kukurydzianych, 6 cali
- 1 puszka (12 do 16 uncji) chili z całej kukurydzy, odsączona
- 2 do 3 szklanek ugotowanego, pokrojonego w kostkę kurczaka
- 1 łyżeczka papryki
- 1/4 łyżeczki mielonego czarnego pieprzu
- 1/2 łyżeczki soli lub do smaku
- 1 puszka (4 uncje) posiekanych zielonych papryczek chili, łagodna
- 2 szklanki startego meksykańskiego sera mieszanego lub łagodnego sera Cheddar
- 2 puszki (po 10 uncji każda) sosu enchilada
- 1 puszka (15 uncji) czarnej fasoli, przepłukana i odsączona
- guacamole i kwaśna śmietana

PRZYGOTOWANIE

1. Spryskaj wolnowar nieprzywierającym sprayem do gotowania.
2. Połóż 3 bochenki chleba na dnie wolnowaru.

3. Pół chleba kukurydzianego, pół kurczaka, około połowy przyprawy i pół papryczki chili.

4. Posyp połową startego sera i polej ser około 3/4 szklanki sosu enchilada.

5. Powtórz z 3 tortillami, czarną fasolą, pozostałym kurczakiem, przyprawami, papryczkami chili i serem.

1. Polać pozostałymi tortillami i sosem enchilada.

2. Przykryj i gotuj na poziomie LOW przez 5 do 6 godzin.

3. Podawać z guacamole i kwaśną śmietaną.

4. Dla 6 do 8 osób.

Enchilady z duszonym kurczakiem

TREŚĆ

- 1 duża puszka (19 uncji) sosu enchilada
- 6 piersi z kurczaka bez kości
- 2 pudełka kremu z kurczaka
- 1 małe pudełko pokrojonych czarnych oliwek
- 1/2 szklanki posiekanej cebuli
- 1 puszka (4 uncje) posiekanej łagodnej papryczki chili
- 16 do 20 tortilli kukurydzianych
- 16 uncji startego ostrego sera Cheddar

PRZYGOTOWANIE

1. Ugotuj kurczaka i pokrój go. Wymieszaj zupę, oliwki, papryczkę chili i cebulę. Tortille pokroić w plasterki. Ułóż mieszaninę z sosem, tortillą, zupą, kurczakiem i serem na wierzchu i wykończ serem. Przykryj i gotuj na poziomie LOW przez 5 do 7 godzin.

2. 8-10 osób

Tortille z kurczakiem na patelni

TREŚĆ

- 4 szklanki gotowanego kurczaka, zmielonego lub pokrojonego na kawałki wielkości kęsa
- 1 opakowanie kremu z kurczaka
- 1/2 s. zielona salsa chili
- 2 łyżki stołowe. szybkie gotowanie tapioki
- 1 średni. cebula posiekana
- 1 1/2 szkl. startego sera
- 12 do 15 tortilli kukurydzianych
- Czarne oliwki
- 1 posiekany pomidor
- 2 łyżki posiekanej szczypiorku
- śmietana do dekoracji

PRZYGOTOWANIE

1. Wymieszaj kurczaka z zupą, salsą chili i tapioką. Pokrój 3 tortille kukurydziane i spód garnka Crock Pot na kawałki wielkości kęsa. Dodaj 1/3 mieszanki z kurczakiem. Posypać 1/3 cebuli i 1/3 startego sera. Powtórz warstwy tortilli wypełnionych mieszanką kurczaka, cebuli i sera. Przykryj i gotuj przez 6 do 8 godzin na niskim poziomie lub 3 godziny na wysokim poziomie.

Udekoruj pokrojonymi w plasterki czarnymi oliwkami, pokrojonymi w kostkę pomidorami, dymką i, według uznania, kwaśną śmietaną.

zapiekanka zapiekanka

TREŚĆ

- 1 funt suszonej fasoli granatowej, opłukanej

- 4 szklanki wody

- 4 piersi z kurczaka bez skóry i kości, pokrojone na 1-calowe kawałki

- 8 uncji gotowanej szynki, pokrojonej na 1-calowe kawałki

- 3 duże marchewki, pokrojone w cienkie plasterki

- 1 szklanka posiekanej cebuli

- 1/2 szklanki pokrojonego w plasterki selera

- 1/4 szklanki ciasno zapakowanego brązowego cukru

- 1/2 łyżeczki soli

- 1/4 łyżeczki musztardy suszonej

- 1/4 łyżeczki pieprzu

- 1 puszka (8 uncji) sosu pomidorowego

- 2 łyżki melasy

PRZYGOTOWANIE

2. W piekarniku lub dużym czajniku namocz fasolę w 4 szklankach wody na noc.

3. Fasolę przykryć i dusić na małym ogniu przez około 1,5 godziny, aż będzie miękka, w razie potrzeby dodając trochę więcej wody.

4. Do garnka włóż fasolę i płyn. Dodaj pozostałe składniki; Dobrze wymieszać.

5. Przykryj i gotuj na poziomie LOW przez 7 do 9 godzin, aż warzywa będą miękkie.

6. Dla 6 do 8 osób.

Klopsiki z kurczaka i ziół w garnku

TREŚĆ

- 3 kg kawałków kurczaka bez skóry
- sól i pieprz
- 1/4 szklanki posiekanej cebuli
- 10 małych główek czosnku
- 2 ząbki czosnku, posiekane
- 1/4 łyżeczki mielonego majeranku
- 1/2 łyżeczki suszonego tymianku, rozgniecionego
- 1 liść laurowy
- 1/2 szklanki białego wytrawnego wina
- 1 szklanka śmietanki mlecznej
- 1 szklanka mieszanki biszkoptowej
- 1 łyżka posiekanej natki pietruszki
- 6 łyżek mleka

PRZYGOTOWANIE

1. Kurczaka dopraw solą i pieprzem, włóż do wolnowaru lub garnka. Włóż całą cebulę do garnka. Dodać czosnek, majeranek, tymianek, liść laurowy i wino. Przykryj i gotuj na małym ogniu przez 5 do 6 godzin. Usuń liść laurowy. Wymieszaj ze śmietaną. Zwiększ ogień i połącz masę biszkoptową z natką pietruszki.

Mieszaj mleko z ciastem, aż będzie dobrze wilgotne. Zrzucamy klopsiki z łyżki na brzeg patelni. Przykryj i kontynuuj gotowanie na dużym ogniu przez kolejne 30 minut, aż klopsiki będą ugotowane.

Grillowany kurczak na patelni

TREŚĆ

- 2 piersi z kurczaka bez kości i skóry
- 1 1/2 szklanki ketchupu pomidorowego
- 3 łyżki brązowego cukru
- 1 łyżka sosu Worcestershire
- 1 łyżka sosu sojowego
- 1 łyżka octu jabłkowego
- 1 łyżeczka mielonej czerwonej ostrej papryki lub do smaku
- 1/2 łyżeczki sproszkowanego czosnku

PRZYGOTOWANIE

1. Wymieszaj wszystkie składniki sosu w powolnej kuchence. Dodaj kurczaka; Odwróć je, aby dobrze pokazywały się z sosem.

2. Piecz przez 3 do 4 godzin lub do momentu, aż kurczak będzie całkowicie ugotowany. Rozerwij lub posiekaj kurczaka i włóż go z powrotem do sosu w garnku. Dobrze wymieszaj, aby pokryć wszystkie kawałki.

3. Aby podać kurczaka w twardych bułeczkach, możesz ustawić powolną kuchenkę na niską temperaturę, aby utrzymać ciepło.

4. Pyszne!

Grillowany kurczak na patelni

TREŚĆ

- 1 pieczony kurczak, posiekany lub poćwiartowany
- 1 puszka skondensowanej zupy pomidorowej
- 3/4 w. posiekana cebula
- 1/4 w. ocet
- 3 łyżki. brązowy cukier
- 1 łyżka stołowa. sos Worcestershire
- 1/2 łyżeczki. sól
- 1/4 łyżeczki. słodka Bazylia
- szczypta tymianku

PRZYGOTOWANIE

1. Umieść kurczaka w powolnej kuchence. Wymieszaj wszystkie pozostałe składniki i polej kurczaka. Szczelnie przykryj i gotuj na poziomie LOW przez 6 do 8 godzin. dla 4 osób.

Gulasz z kurczaka

TREŚĆ

- 2 szklanki suszonej fasoli północnej, namoczonej przez noc
- 3 szklanki wrzącej wody
- 1 szklanka posiekanej cebuli
- 2 ząbki czosnku, posiekane
- 2 do 3 puszek posiekanej papryczki jalapeno (marynowane są w porządku)
- 1 łyżka mielonego kminku
- 1 łyżeczka papryki
- 1 do 1 1/2 funta piersi z kurczaka bez kości, pokrojonej na 1-calowe kawałki
- 2 małe cukinie lub dynie, pokrojone w kostkę
- 1 puszka (12 do 15 uncji) kukurydzy z całych ziaren, odsączonej
- 1/2 szklanki kwaśnej śmietany
- 2 1/4 łyżeczki soli
- 1 łyżka soku z cytryny
- 1/4 szklanki posiekanej świeżej kolendry i trochę dodatków według uznania
- 1 pokrojony pomidor lub pomidor koktajlowy przekrojony na pół do dekoracji
- śmietana do dekoracji

PRZYGOTOWANIE

1. Połącz fasolę i wrzącą wodę w powolnej kuchence. Pozwól mu odpocząć, podczas gdy będziesz przygotowywać pozostałe składniki. Do naczynia żaroodpornego dodaj posiekaną cebulę, przeciśnięty przez praskę czosnek, papryczkę jalapeno, kminek i płatki chili. Połóż na nim kurczaka. Do garnka dodać pokrojoną w kostkę cukinię. Przykryj i gotuj na wolnym ogniu przez 7 do 8 godzin lub do momentu, aż fasola będzie miękka. Wymieszaj kukurydzę, śmietanę, sól, sok z cytryny i posiekaną kolendrę. Rozłóż łyżką do misek. W razie potrzeby udekoruj kleksem kwaśnej śmietany, posiekanymi pomidorami i posiekaną świeżą kolendrą.

Gulasz z Kurczaka Chow Mein

TREŚĆ

- 1 1/2 funta piersi z kurczaka bez kości, pokrojonej na 1-calowe kawałki
- 1 łyżka oleju roślinnego
- 1 1/2 szklanki posiekanego selera
- 1 1/2 szklanki posiekanej marchewki
- 6 główek dymki, posiekanych
- 1 szklanka bulionu z kurczaka
- 1/3 szklanki sosu sojowego
- 1/4 łyżeczki mielonej papryki lub do smaku
- 1/2 łyżeczki mielonego imbiru
- 1 ząbek czosnku, drobno posiekany
- 1 puszka (około 12 do 15 uncji) kiełków fasoli, odsączonych
- 1 puszka (8 uncji) pokrojonych w plasterki kasztanów, odsączonych
- 1/4 szklanki skrobi kukurydzianej
- 1/3 szklanki wody

PRZYGOTOWANIE

1. Na dużej patelni podsmaż kawałki kurczaka. Umieść smażonego kurczaka w powolnej kuchence. Dodaj pozostałe

składniki oprócz skrobi kukurydzianej i wody. Wtrącić się. Przykryj i gotuj na poziomie LOW przez 6 do 8 godzin. Ustaw wolnowar na WYSOKI. Wymieszaj skrobię i wodę w małej misce, aż się rozpuszczą i będą gładkie. Wmieszać do płynów wolnowarowych. Pozostaw pokrywkę lekko uchyloną, aby umożliwić ujście pary, gotuj przez około 20 do 30 minut, aż zgęstnieje.

2. Podawać z ryżem lub makaronem. Można podwoić za 5 qt. wolnowar/garnek do gotowania.

Kurczak Cordon Bleu w zapiekance

TREŚĆ

- 4-6 piersi z kurczaka (cienko rozbitych)
- 4-6 kawałków szynki
- 4-6 plasterków sera szwajcarskiego lub mozzarelli
- 1 opakowanie kremu zupy grzybowej (można użyć dowolnego kremu zupy grzybowej)
- 1/4 szklanki mleka

PRZYGOTOWANIE

1. Połóż szynkę i ser na kurczaku. Zwiń i zabezpiecz wykałaczką. Umieść kurczaka w wolnowarze/garnku tak, aby wyglądał jak trójkąt. /_\ Połóż resztę na wierzchu. Wymieszaj zupę z mlekiem; Polej kurczaka. Przykryj i gotuj na wolnym ogniu przez 4 godziny lub do czasu, aż kurczak przestanie być różowy. Podawaj z makaronem, polej przygotowanym sosem.

2. Notatka Teresy: Najlepszy przepis jaki kiedykolwiek próbowałam, jest pyszny.

Gulasz z kurczaka Cordon Bleu II

TREŚĆ

- 6 połówek piersi kurczaka
- 6 plasterków szynki
- 6 plasterków sera szwajcarskiego
- 1/2 s. Chwała
- 1/2 s. parmezan
- 1/2 łyżeczki. sól
- 1/4 łyżeczki. pieprz
- 3 łyżki oleju
- 1 opakowanie kremu z kurczaka
- 1/2 szklanki białego wytrawnego wina

PRZYGOTOWANIE

1. Umieść połowę każdej piersi kurczaka pomiędzy kawałkiem folii i rozklep ją na równą grubość. Na każdą pierś kurczaka połóż plasterek szynki i plaster sera szwajcarskiego; zwinąć i spiąć wykałaczkami lub sznurkiem kuchennym. W misce wymieszaj mąkę, parmezan, sól i pieprz. Obtocz kurczaka w mieszance

parmezanu i mąki; Wstawić do lodówki na 1 godzinę. Gdy kurczak ostygnie, rozgrzej patelnię z 3 łyżkami oleju; dookoła brązowy kurczak.

2. W garnku wymieszaj bulion z kurczaka i wino. Dodaj pieczonego kurczaka i gotuj na poziomie NISKIM przez 4 1/2 do 5 1/2 godziny lub na poziomie WYSOKIM przez około 2 1/2 godziny. Sos zagęścić mieszanką mąki i zimnej wody (około 2 łyżek mąki wymieszanych z 2 łyżkami zimnej wody). Piec kolejne 20 minut, aż zgęstnieje.

3. Dla 6 osób.

udka z kurczaka w zapiekance

TREŚĆ

- 12 do 16 udek z kurczaka, bez skóry

- 1 szklanka syropu klonowego

- 1/2 szklanki sosu sojowego

- 1 puszka (14 uncji) całego sosu żurawinowego
- 1 łyżeczka musztardy Dijon
- 1 łyżka skrobi kukurydzianej
- 1 łyżka zimnej wody
- opcjonalnie pokrojona w plasterki zielona cebula lub świeżo posiekana kolendra

PRZYGOTOWANIE

1. Jeśli wolisz zostawić skórę na udkach, włóż kurczaka do dużego garnka, zalej wodą i gotuj na dużym ogniu. Gotuj przez około 5 minut. Parzenie usunie część nadmiaru tłuszczu ze skóry.

2. Wyjmij kurczaka, osusz go i włóż udka do wolnowaru.

3. W misce wymieszaj syrop klonowy, sos sojowy, sos żurawinowy i musztardę. Wylać na klopsiki.

4. Przykryj i gotuj na poziomie NISKIM przez 6 do 7 godzin lub na poziomie WYSOKIM przez około 3 godziny. Kurczak powinien być bardzo delikatny, ale nie całkowicie rozdrobniony.

5. Przełóż udka z kurczaka na talerz i trzymaj w cieple.

6. Wymieszaj skrobię kukurydzianą i zimną wodę w misce lub małym pojemniku. Mieszaj, aż będzie gładka.

7. Zwiększ temperaturę w powolnej kuchence do wysokiej i dodaj mieszaninę skrobi kukurydzianej. Gotuj około 10 minut, aż zgęstnieje.

8. Lub przelej płyny do garnka i zagotuj. Dodaj mieszaninę skrobi kukurydzianej i gotuj, mieszając, przez minutę lub dwie, aż sos zgęstnieje.

9. W razie potrzeby podawaj udekorowane pokrojoną w plasterki zieloną cebulą lub posiekaną kolendrą.

10. Wariacje

11. Zamiast udek z kurczaka używaj udek z kością. Przed gotowaniem usuń skórę.

12. Zamiast udek z kurczaka użyj od 6 do 8 całych udek z kurczaka bez skóry.

Przepis na fricase z kurczaka Crockpot

TREŚĆ

- 1 puszka zagęszczonego kremu z rosołu o obniżonej zawartości tłuszczu lub Healthy Wish
- 1/4 szklanki wody
- 1/2 szklanki posiekanej cebuli
- 1 łyżeczka mielonej czerwonej papryki
- 1 łyżeczka soku z cytryny
- 1 łyżeczka suszonego rozmarynu, zmiażdżonego
- 1 łyżeczka tymianku
- 1 łyżeczka liści pietruszki
- 1 łyżeczka soli
- 1/4 łyżeczki pieprzu
- 4 piersi z kurczaka bez kości i skóry
- Nieprzywierający spray do gotowania
- Klopsiki ze szczypiorkiem
- 3 łyżki stałego tłuszczu
- 1 1/2 szklanki mąki
- 2 łyżeczki. proszek do pieczenia
- 3/4 łyżeczki. sól
- 3 łyżki świeżo posiekanego szczypiorku lub natki pietruszki

- 3/4 szklanki odtłuszczonego mleka

PRZYGOTOWANIE

1. Spryskaj wolnowar nieprzywierającym sprayem do gotowania. Umieść kurczaka w powolnej kuchence.

2. Zupę wymieszać z wodą, cebulą, papryką, sokiem z cytryny, rozmarynem, tymiankiem, natką pietruszki, 1 łyżeczką soli i pieprzu; Polej kurczaka. Przykryj i gotuj na poziomie LOW przez 6 do 7 godzin. Dolne kotlety przygotuj na godzinę przed podaniem.

3. Klopsiki:

4. Mieszaj suche składniki za pomocą miksera do ciasta lub widelca i skracaj, aż mieszanina stanie się gruboziarnistą mąką.

5. Dodać szczypiorek lub natkę pietruszki i mleko; Mieszaj tylko do dobrego połączenia. Skropić po łyżeczce gorącym kurczakiem i sosem. Przykryj i kontynuuj gotowanie na poziomie WYSOKIM przez kolejne 25 minut, aż klopsiki będą ugotowane. Podawać z puree ziemniaczanym lub makaronem, z warzywami lub sałatką.

Zapiekanka z Kurczakiem Rubenem

TREŚĆ

- 2 torebki (po 16 uncji) kiszonej kapusty, opłukanej i odsączonej
- 1 miska lekkiego lub niskokalorycznego sosu sałatkowego rosyjskiego, podzielona
- 6 piersi z kurczaka bez kości i skóry
- 1 łyżka przygotowanej musztardy
- 4 do 6 plasterków sera szwajcarskiego
- według uznania świeża pietruszka do dekoracji

PRZYGOTOWANIE

1. Umieść połowę kiszonej kapusty w wolnowarze elektrycznym o pojemności 3,5 litra. Zalać około 1/3 szklanki dressingu. Na wierzchu ułóż 3 piersi z kurczaka i posmaruj je musztardą. Na wierzch połóż pozostałą kapustę kiszoną i pierś kurczaka. Wlać kolejną 1/3 szklanki sosu na patelnię. Pozostały sos przechowywać w lodówce do momentu podania. Przykryj i gotuj na małym ogniu przez około 3 1/2 do 4 godzin lub do momentu, aż kurczak będzie całkowicie biały i delikatny.

2. Przed podaniem ułożyć zapiekankę na 6 talerzach. Na każdą połóż plaster sera i skrop kilkoma łyżeczkami sosu rosyjskiego. Podawać natychmiast, ewentualnie udekorować świeżą natką pietruszki.

3. Dla 6 osób.

Gulasz z kurczaka z karczochami

TREŚĆ

- 1 1/2 do 2 funtów połówek piersi kurczaka bez kości i skóry
- 8 uncji pokrojonych w plasterki świeżych grzybów
- 1 puszka (14,5 uncji) pokrojonych w kostkę pomidorów
- 1 opakowanie mrożonych karczochów, 8 do 12 uncji
- 1 szklanka bulionu z kurczaka
- 1/2 szklanki posiekanej cebuli
- 1 puszka (3 do 4 uncji) pokrojonych w plasterki dojrzałych oliwek
- 1/4 szklanki wytrawnego białego wina lub bulionu z kurczaka
- 3 łyżki szybkowaru z tapioki
- 2 łyżeczki curry lub do smaku
- 3/4 łyżeczki suszonego tymianku, rozgniecionego
- 1/4 łyżeczki soli
- 1/4 łyżeczki pieprzu
- 4 szklanki gorącego ugotowanego ryżu

PRZYGOTOWANIE

1. Umyj kurczaka; osusz i odłóż na bok. W wolnowarze o pojemności od 3 1/2 do 5 litrów połącz grzyby, pomidory, serca karczochów, bulion z kurczaka, posiekaną cebulę, pokrojone

oliwki i wino. Dodać tapiokę, curry, tymianek, sól i pieprz. Dodaj kurczaka do zapiekanki; Na kurczaka wyłóż odrobinę mieszanki pomidorowej.

2. Przykryj i gotuj na poziomie NISKIM przez 7 do 8 godzin lub na poziomie WYSOKIM przez 3 1/2 do 4 godzin. Podawać z gorącym ugotowanym ryżem.

3. Na 6 do 8 porcji.

Zapiekanka z kurczakiem w musztardzie Dijon

TREŚĆ

- 4 do 6 połówek piersi kurczaka bez kości

- 2 łyżki musztardy Dijon

- 1 opakowanie kremu zupy grzybowej o zawartości tłuszczu 98%.

- 2 łyżeczki skrobi kukurydzianej

- czarny pieprz

PRZYGOTOWANIE

1. Włóż połowę piersi kurczaka do wolnowaru.

2. Wymieszaj pozostałe składniki i nałóż na kurczaka.

3. Przykryj i gotuj na małym ogniu przez 6 do 8 godzin.

Garnek z kurczakiem i ryżem

TREŚĆ

- 4 do 6 piersi z kurczaka bez kości i skóry

- 1 puszka (10 3/4 uncji) skondensowanej zupy grzybowej lub kremu z kurczaka

- 1/2 szklanki wody

- 3/4 szklanki przetworzonego ryżu, niegotowanego

- 1 1/2 szklanki bulionu z kurczaka

- 1 do 2 szklanek mrożonej zielonej fasolki, rozmrożonej

PRZYGOTOWANIE

1. Umieść pierś kurczaka w naczyniu żaroodpornym. Dodać krem zupy grzybowej i 1/2 szklanki wody.

2. Dodaj 3/4 szklanki ryżu i bulionu z kurczaka.

3. Dodaj fasolkę szparagową.

4. Przykryj i gotuj na poziomie LOW przez 6 godzin lub do momentu, aż kurczak będzie ugotowany, a ryż miękki.

Przeznaczony jest dla 4 do 6 osób.

Zapiekanka Pomidorowa Z Kurczakiem

TREŚĆ

- 4 do 6 połówek piersi kurczaka
- 2 zielone papryki, pokrojone w plasterki
- 1 puszka posiekanych gotowanych pomidorów
- 1/2 małej butelki sosu włoskiego (w razie potrzeby beztłuszczowego)

PRZYGOTOWANIE

1. Do wolnowaru lub garnka włóż pierś z kurczaka, zieloną paprykę, duszone pomidory i sos włoski i gotuj na małym ogniu przez cały dzień (6 do 8 godzin).

2. Ten przepis na kurczaka gotowanego w pomidorach udostępnił Myron z Florydy

Kurczak Gulasz Cola

TREŚĆ

- 1 cały kurczak, około 3 funtów
- 1 szklanka ketchupu
- 1 duża cebula pokrojona w cienkie plasterki
- 1 szklanka Coli, Coli, Pepsi, Dr. pieprz itp.

PRZYGOTOWANIE

1. Umyj i osusz kurczaka. Pieprz i sól do smaku. Kurczaka włóż do garnka z cebulą. Dodaj colę i ketchup i gotuj na poziomie LOW przez 6 do 8 godzin. Cieszyć się!

2. Wysłane przez Molly

Zapiekanka z kurczaka po kreolsku

TREŚĆ

- 1 funt udek kurczaka bez kości, bez skóry, pokrojonych na 1-calowe kawałki
- 1 puszka (14,5 uncji) soku pomidorowego
- 1 1/2 szklanki bulionu z kurczaka
- 8 uncji w pełni ugotowanej wędzonej kiełbasy, pokrojonej w plasterki
- 1/2 do 1 szklanki pokrojonej w kostkę gotowanej szynki
- 1 szklanka posiekanej cebuli
- 1 puszka (6 uncji) koncentratu pomidorowego
- 1/4 szklanki wody
- 1 1/2 łyżeczki przyprawy kreolskiej
- kilka kropli sosu Tabasco lub innego sosu chili
- 2 szklanki ryżu instant, niegotowanego
- 1 szklanka posiekanej zielonej papryki

PRZYGOTOWANIE

1. W powolnym naczyniu połącz kurczaka, pomidora, bulion, kiełbasę, szynkę, cebulę, koncentrat pomidorowy, wodę, przyprawy i sos Tabasco. Przykryj i gotuj na poziomie LOW przez 5 do 6 godzin.

2. Dodaj ryż • i zielony pieprz do garnka i gotuj przez kolejne 10 minut lub do momentu, aż ryż będzie miękki i wchłonie większość płynu.

3. W razie potrzeby ugotuj 1 1/2 szklanki zwykłego ryżu długoziarnistego i podawaj z mieszanką kurczaka.

4. Dla 6 osób.

Podsmaż kurczaka z ziołami i farszem

TREŚĆ

- 1 puszka (10 1/2 uncji) kremu z kurczaka i zupy ziołowej
- 1 puszka (10 1/2 uncji) kremu z selera lub kremu z kurczaka
- 1/2 szklanki wytrawnego białego wina lub bulionu drobiowego
- 1 łyżeczka suszonych liści pietruszki
- 1 łyżeczka suszonego tymianku, pokruszonego
- 1/2 łyżeczki soli
- Czarny pieprz
- 2 do 2 1/2 szklanki sezonowanej posypki tartej, około 6 uncji, podzielone
- 4 łyżki masła, podzielone
- 6 do 8 piersi z kurczaka bez kości i skóry

PRZYGOTOWANIE

jeden.

2. Wymieszaj buliony, wino lub rosół, pietruszkę, tymianek, sól i pieprz.

3. Umyj i osusz kurczaka.

4. Delikatnie posmaruj olejem wolnowar o pojemności 5–7 litrów.

5. Na dno patelni posyp około 1/2 szklanki bułki tartej i posmaruj około 1 łyżką masła.

6. Napełnij połowę kurczaka, a następnie połowę pozostałej bułki tartej. Skropić połową pozostałego masła i wylać na połowę zupy.

1. Powtórzyć z pozostałym kurczakiem, farszem, masłem i zupą.

2. Przykryj i gotuj na poziomie LOW przez 5 do 7 godzin lub do momentu, aż kurczak będzie ugotowany.

Przeznaczony jest dla 6 do 8 osób.

Podsmaż kurczaka z ziołami i farszem

TREŚĆ

- 1 puszka (10 1/2 uncji) kremu z kurczaka i zupy ziołowej
- 1 puszka (10 1/2 uncji) kremu z selera lub kremu z kurczaka
- 1/2 szklanki wytrawnego białego wina lub bulionu drobiowego
- 1 łyżeczka suszonych liści pietruszki
- 1 łyżeczka suszonego tymianku, pokruszonego
- 1/2 łyżeczki soli
- Czarny pieprz
- 2 do 2 1/2 szklanki sezonowanej posypki tartej, około 6 uncji, podzielone
- 4 łyżki masła, podzielone
- 6 do 8 piersi z kurczaka bez kości i skóry

PRZYGOTOWANIE

1. Wymieszaj buliony, wino lub rosół, pietruszkę, tymianek, sól i pieprz.

2. Umyj i osusz kurczaka.

3. Delikatnie posmaruj olejem wolnowar o pojemności 5–7 litrów.

4. Na dno patelni posyp około 1/2 szklanki bułki tartej i posmaruj około 1 łyżką masła.

5. Połóż połowę kurczaka, a następnie połowę pozostałych okruchów. Skropić połową pozostałego masła i wylać na połowę zupy.

1. Powtórzyć z pozostałym kurczakiem, farszem, masłem i zupą.

2. Przykryj i gotuj na poziomie LOW przez 5 do 7 godzin lub do momentu, aż kurczak będzie ugotowany.

Przeznaczony jest dla 6 do 8 osób.

Kurczak po włosku w garnku

TREŚĆ

- 4 kilogramy kawałków kurczaka
- 3 łyżki oliwy z oliwek
- 2 cebule pokrojone w plasterki
- 1 łyżeczka soli
- 1/2 łyżeczki świeżo zmielonego czarnego pieprzu
- 2 żeberka selera, drobno pokrojone
- 2 szklanki pokrojonych w kostkę ziemniaków
- 1 puszka (14,5 uncji) pokrojonych w kostkę pomidorów, bez odsączenia
- 1 łyżeczka suszonych liści tymianku
- 1 łyżka suszonych liści pietruszki
- 1 szklanka mrożonego groszku, rozmrożonego

PRZYGOTOWANIE

1. Smażymy kawałki kurczaka na rozgrzanym oleju. Dodać sól, pieprz i cebulę i smażyć kolejne 5 minut. Na dnie wolnowaru ułożyć seler i ziemniaki, na wierzchu smażonego kurczaka, cebulę i pomidory wraz z sokiem, tymiankiem i natką pietruszki. Przykryj i gotuj na małym ogniu przez 6 do 8 godzin. Na ostatnie 30 minut dodać groszek.

2. Przeznaczony jest dla 6 osób.

Gulasz z kurczaka z fasolą lima

TREŚĆ

- 3 do 4 kilogramów kawałków kurczaka
- sól i pieprz
- 1 łyżka oleju roślinnego
- 2 duże ziemniaki pokrojone w 1-calową kostkę
- 1 opakowanie mrożonej fasoli lima, rozmrożonej
- 1 szklanka bulionu z kurczaka
- 1/4 łyżeczki suszonego tymianku, pokruszonego

PRZYGOTOWANIE

1. Posolić i popieprzyć kurczaka. Rozgrzej oliwę i masło na dużej patelni; Smażyć kurczaka na złoty kolor z obu stron. Kurczaka przełożyć do garnka z pozostałymi składnikami. Przykryj i gotuj na małym ogniu przez 4 do 6 godzin, aż kurczak będzie miękki.

2. Serwis 4.

Turecka rozkosz z mieszanką makaronu i sera

TREŚĆ

- 1 słoiczek sosu Alfredo

- Poproś o 1 pudełko zdrowej kremowej zupy grzybowej

- 1 (7 uncji) tuńczyka białego lub kurczaka, odsączonego lub możesz użyć resztek ugotowanego kurczaka lub mięsa

- 1/4 łyżeczki curry

- 1 do 1 1/2 szklanki mrożonych mieszanych warzyw

- 1 1/2 szklanki startego sera szwajcarskiego

- 4 szklanki ugotowanego makaronu (makaron, muszka, kraby)

PRZYGOTOWANIE

1. Połącz pierwsze 5 składników; Przykryj i gotuj na poziomie LOW przez 4 do 5 godzin. W ciągu ostatniej godziny do mieszanki dodać ser szwajcarski. Ugotuj makaron zgodnie z instrukcją na opakowaniu; Odcedzić i dodać do wolnowaru. Byłoby to tak samo dobre, jak dodanie gotowanego lub konserwowanego kurczaka, resztek szynki lub po prostu dodatkowych warzyw!

2. Serwis 4.

Gulasz Debbie z kurczakiem i farszem

TREŚĆ

- 1 opakowanie przygotowanej mieszanki ziół do farszu
- 4 do 6 piersi z kurczaka bez kości lub bez kości, bez skóry•
- 1 puszka (10 3/4 uncji) zagęszczonej śmietanki z bulionu z kurczaka, nierozcieńczona
- 1 puszka (3 do 4 uncji lub więcej) pokrojonych w plasterki grzybów, odsączonych

PRZYGOTOWANIE

1. Nasmaruj dno i boki wolnowaru.

2. Przygotować zapakowaną (lub domową) masę farszową z masła i płynu zgodnie z instrukcją na opakowaniu.

3. Przygotowane nadzienie połóż na dnie natłuszczonego garnka.

4. Połóż kawałki kurczaka na nadzieniu. Kurczak może lekko nachodzić na siebie, ale staraj się go układać tak, aby zachodził na siebie jak najmniej. Jeśli jest miejsce, możesz użyć więcej kurczaka.

5. Polej kurczaka skondensowanym kremem z rosołu. W razie potrzeby można również użyć kremu grzybowego lub kremu z selera. Napełnij grzybami. Pamiętaj, aby lekko wymieszać grzyby, aby pokryły się zupą.

6. Zamknij pokrywkę i gotuj na małym ogniu przez 5 do 7 godzin.

7. • Piersi z kurczaka wysychają przy dłuższym gotowaniu, więc sprawdź to wcześniej. Podudzia są bardziej tłuste niż piersi z kurczaka, więc można je gotować dłużej.

Kurczak Diany a la King

TREŚĆ

- 1 1/2 do 2 funtów kurczaka bez kości
- 1 do 1 1/2 szklanki marchewki, pokrojonej w zapałki
- 1 pęczek cebuli, pokrojonej na 1/2-calowe kawałki
- 1 słoik ziela angielskiego lub sera do przetwarzania ziela angielskiego i oliwek (5 uncji)
- 1 opakowanie kremu z rosołu o zawartości tłuszczu 98%.
- 2 łyżki wytrawnego sherry (opcjonalnie)
- pieprz i sól do smaku

PRZYGOTOWANIE

1. Umieść wszystkie składniki w wolnowarze/garnku (3 1/2 litra lub większym) w podanej kolejności; wymieszać, aby połączyć. Przykryj i gotuj na małym ogniu przez 7 do 9 godzin. Podawać z ryżem, tostami lub ciasteczkami.

2. Dla 6 do 8 osób.

Koperkowy kurczak z warzywami

TREŚĆ

- 1 do 1 1/2 funta polędwiczek z kurczaka, pokrojonych na 1-calowe kawałki

- 1 łyżka suszonej posiekanej cebuli (lub drobno posiekanej cebuli)

- 1 puszka zwykłego lub o obniżonej zawartości tłuszczu 98% zupy grzybowej

- 1 opakowanie (1 uncja) mieszanki sosu grzybowego (można zastąpić sosem do kurczaka lub wiejskim)

- 1 szklanka młodej marchewki

- 1/2 do 1 łyżeczki koperku

- doprawić solą i pieprzem do smaku

- 1 szklanka mrożonego groszku

PRZYGOTOWANIE

1. Wymieszaj pierwsze 7 składników w wolnowarze/garnku; Przykryj i gotuj na małym ogniu przez 6 do 8 godzin. Na ostatnie 30–45 minut dodaj mrożony groszek. Podawać z ryżem lub puree ziemniaczanym.

2. Serwis 4.

Don's Słodko-Kwaśny Kurczak

TREŚĆ

- 2 do 4 piersi z kurczaka bez skóry
- 1 duża cebula, grubo posiekana
- 2 papryki (jedna zielona, jedna czerwona)
- 1 szklanka różyczek brokułów
- 1/2 szklanki kawałków marchewki
- 1 duża puszka ananasa (odcedź i ZAOSZCZĘDŹ)
- 1/4-1/2 szklanki brązowego cukru (można użyć zwykłego)
- W razie potrzeby dodać wodę/wino/sok z białych winogron/sok pomarańczowy itp. w celu uzyskania dodatkowego płynu.
- 1 łyżka stołowa skrobi kukurydzianej na każdą szklankę płynu
- opcjonalnie ostry sos
- sól i pieprz według uznania
- cynamon, według uznania
- ziele angielskie, według uznania
- goździki, według uznania
- curry według uznania

PRZYGOTOWANIE

1. Umieść pierś kurczaka w powolnej kuchence lub garnku. Dodać cebulę, paprykę, brokuły i marchewkę. Mieszać aż do dokładnego połączenia, bez grudek cukru, płynu, przypraw, skrobi kukurydzianej i cukru. Polej kurczaka. Jeśli nie ma wystarczającej ilości soku, dodaj płyn, który chcesz doprowadzić do pożądanego poziomu. (Pamiętaj: na każdą dodatkową filiżankę płynu dodaj kolejną łyżkę skrobi kukurydzianej przed wlaniem do wolnowaru).

2. Przykryj i gotuj na poziomie LOW przez 6 do 8 godzin. Czasami zmieniam przepis, dodając koktajl owocowy z nieco mniejszą ilością cukru, konfiturę ananasową lub morelową lub marmoladę pomarańczową. (Do użycia dżemu nie potrzebujesz skrobi kukurydzianej ani cukru. Użyj swojej wyobraźni. Pamiętaj, że słodko-kwaśny to w zasadzie sok i ocet.

Wolno gotowany kurczak z lekkim serem

TREŚĆ

- 6 piersi z kurczaka bez kości i skóry
- pieprz i sól do smaku
- proszek czosnkowy do smaku
- 2 pudełka zagęszczonego kremu z kurczaka
- 1 opakowanie zagęszczonej zupy z sera cheddar

PRZYGOTOWANIE

1. Umyj kurczaka i posyp solą, pieprzem i czosnkiem w proszku. Wymieszaj nierozcieńczony bulion i polej nim kurczaka w garnku Crock Pot.

2. Przykryj i gotuj na małym ogniu przez 6 do 8 godzin.

3. Podawać z ryżem lub makaronem.

4. Dla 6 osób.

Proste Cacciatore z kurczakiem

TREŚĆ

- 1 kurczak, posiekany, około 3 do 3 1/2 funta
- 1 słoik sosu do spaghetti
- posiekana cebula
- pokrojone grzyby
- posiekana zielona papryka
- sól i pieprz
- Czerwona papryka

PRZYGOTOWANIE

1. Umieść całego pokrojonego kurczaka (3 do 3 1/2 funta) w wolnowarze/garnku. Do słoika wlać sos spaghetti, trochę posiekanej cebuli, grzybów i zielonej papryki. Pieprz i sól do smaku. (Ja też używam tej małej papryczki.)

2. Gotuj w niskiej temperaturze (7 do 9 godzin) przez cały dzień. Podawać z makaronem lub spaghetti.

Prosty sos do makaronu z kurczakiem

TREŚĆ

- 1 funt kurczaka lub piersi z kurczaka, pokrojonej w kostkę
- 1 puszka (15 uncji) pomidorów, posiekanych
- 1 mała puszka (6 uncji) koncentratu pomidorowego
- 1 żebro selera pokrojonego w plasterki
- 1/4 szklanki posiekanej cebuli
- 1/2 szklanki posiekanej lub startej marchwi, z puszki lub ugotowanej do lekko miękkiej konsystencji
- 1/2 łyżeczki tymianku
- 1/2 łyżeczki soli
- 1/4 łyżeczki pieprzu
- 1/2 łyżeczki sproszkowanego czosnku
- szczypta cukru lub innego słodzika (wg uznania lub do smaku)

PRZYGOTOWANIE

1. Wymieszaj wszystkie składniki w rondlu lub garnku. Przykryj i gotuj na małym ogniu przez 6 do 8 godzin. Spróbuj i dopraw do smaku na około 30 minut przed podaniem, a jeśli to konieczne, dodaj trochę wody, aby rozrzedzić potrawę. Podawaj ten prosty przepis na sos do makaronu z kurczakiem ze spaghetti, fettuccine lub innym makaronem.

2. Ten prosty przepis na kurczaka przeznaczony jest dla 4 osób.

Prosty kurczak z migdałami

TREŚĆ

- 4 do 6 połówek piersi kurczaka, umytych i pozbawionych skóry
- 1 puszka (10 3/4 uncji) kremu z rosołu
- 1 łyżka soku z cytryny
- 1/3 szklanki majonezu
- 1/2 szklanki cienko pokrojonego selera
- 1/4 szklanki drobno posiekanej cebuli
- 1/4 szklanki odsączonego, posiekanego ziela angielskiego
- 1/2 szklanki startych lub pokrojonych migdałów
- opcjonalnie posiekana świeża pietruszka

PRZYGOTOWANIE

1. Połóż pierś kurczaka na dnie wolnowaru. W misce wymieszaj zupę, sok z cytryny, majonez, seler, cebulę i ziele angielskie; Wylać na pierś z kurczaka. Przykryj i gotuj, aż kurczak będzie miękki, od 5 do 7 godzin (połówki piersi kurczaka bez kości zajmą mniej czasu niż połówki z kością). Przełóż piersi kurczaka

na talerz i polej sokiem. Jeśli chcesz, możesz udekorować szczyptą migdałów i natką pietruszki.

2. Podawać z gorącym ugotowanym ryżem i brokułami gotowanymi na parze.

3,4 do 6 osób.

Prosta łyżka do pieczenia

TREŚĆ

- 1 łyżka oliwy z oliwek z pierwszego tłoczenia
- 1 duża cebula drobno posiekana
- 4 grubo posiekane udka z kurczaka bez kości
- 1/4 funta gotowanej wędzonej kiełbasy, pokrojonej w kostkę, np. kiełbasy lub pikantnej andouille
- 3 ząbki czosnku, posiekane
- 1 łyżeczka suszonych liści tymianku
- 1/2 łyżeczki czarnego pieprzu
- 4 łyżki koncentratu pomidorowego
- 2 łyżki wody
- 3 puszki (około 15 uncji każda) bobu, opłukane i odsączone
- 3 łyżki posiekanej świeżej pietruszki

PRZYGOTOWANIE

1. Rozgrzej oliwę z oliwek na dużej patelni na średnim ogniu.

2. Do rozgrzanego oleju dodać cebulę i smażyć, mieszając, aż cebula zmięknie, około 4 minut.

3. Wymieszaj kurczaka, kiełbasę, czosnek, tymianek i pieprz. Piec przez 5 do 8 minut lub do momentu, aż kurczak i kiełbasa staną się złotobrązowe.

4. Dodaj koncentrat pomidorowy i wodę; Przełożyć do wolnowaru. Wymieszaj dużą fasolę północną z mieszanką kurczaka; Przykryj i gotuj na poziomie LOW przez 4 do 6 godzin.

5. Przed podaniem posyp cassoulet posiekaną natką pietruszki.

6. Serwis 6.

Łatwy duszony kurczak Santa Fe od Cindy

TREŚĆ

- 1 puszka (15 uncji) czarnej fasoli, przepłukana i odsączona
- 2 puszki (15 uncji) kukurydzy pełnoziarnistej, odsączonej
- 1 filiżanka ulubionej, gęstej salsy
- 5 lub 6 piersi z kurczaka bez skóry i kości (około 2 funtów)
- 1 szklanka startego sera Cheddar

PRZYGOTOWANIE

W wolnowarze o pojemności od 3,5 do 5 litrów połącz czarną fasolę, kukurydzę i 1/2 szklanki salsy.

2. Na wierzchu ułóż piersi z kurczaka, następnie polej kurczaka pozostałą 1/2 szklanki salsy. Przykryj i gotuj na poziomie WYSOKIM przez 2 1/2 do 3 godzin lub do momentu, aż kurczak będzie miękki i biały. Nie rozgotowuj, w przeciwnym razie kurczak będzie suchy.

3. Posyp serem na wierzchu; Przykryj i piecz, aż ser się roztopi, około 5 do 15 minut.

4. Dla 6 osób.

Łatwy pieczony kurczak z sosem Geoffa

TREŚĆ

- 1 kurczak, pieczony
- sól i pieprz

PRZYGOTOWANIE

1. Kurczaka oczyść, umyj i włóż do naczynia żaroodpornego. Dodać szczyptę soli i szczyptę czarnego pieprzu. Pozostaw na wysokim poziomie na około 6 godzin.

2. Gdy wyjmiemy gotowy produkt, pozostałą wodę wlewamy do szklanki, przykrywamy folią i wstawiamy do zamrażarki na około pół godziny. To zestala cały tłuszcz na górze filiżanki. Zeskrob i dodaj resztę bulionu do sosu.

Kurczak z imbirem i ananasem

TREŚĆ

- 4 do 5 piersi z kurczaka bez kości, pokrojonych w kostkę (około 3/4 cala)

- 1 pęczek cebuli z około 3-centymetrowymi plasterkami szalotki o grubości 1/2 cala

- 1 puszka (8 uncji) zmiażdżonego ananasa, bez odsączenia

- 1 łyżka drobno posiekanego krystalizowanego imbiru

- 2 łyżki soku z cytryny

- 2 łyżki sosu sojowego (o niskiej zawartości sodu)

- 3 łyżki brązowego cukru lub miodu

- 1/2 łyżeczki sproszkowanego czosnku

PRZYGOTOWANIE

1. Wymieszaj wszystkie składniki w powolnej kuchence; Przykryj i gotuj na małym ogniu przez 6 do 8 godzin. Podawać z ryżem lub zwykłym makaronem.

2. Serwis 4.

Grecki kurczak

TREŚĆ

- 4 do 6 piersi z kurczaka bez skóry

- 1 litr puszka (15 uncji) sosu pomidorowego

- 1 puszka (14,5 uncji) pokrojonego w kostkę soku pomidorowego
- 1 pudełko pokrojonych w plasterki grzybów
- 1 puszka (4 uncje) pokrojonych w plasterki dojrzałych oliwek
- 2 ząbki czosnku, posiekane
- 1 łyżka stołowa. sok cytrynowy
- 1 łyżeczka. suszony liść tymianku
- 1/2 szklanki posiekanej cebuli
- 1/2 s. wino białe wytrawne (opcjonalnie)
- 2 szklanki gorącego ugotowanego ryżu
- sól dla smaku

PRZYGOTOWANIE
1. Umyj i osusz kurczaka. Piec w piekarniku nagrzanym na 350 stopni przez około 30 minut. W międzyczasie wymieszaj wszystkie pozostałe składniki (oprócz ryżu). Drobno posiekaj kurczaka i wymieszaj z sosem; Przykryj i gotuj na małym ogniu przez 4 do 5 godzin. Podawaj kurczaka i sos z gorącym ugotowanym ryżem.

2,4 do 6 osób.

Podudzia hawajskie

TREŚĆ

- 12 udek z kurczaka
- 1 szklanka ketchupu
- 1 szklanka zapakowanego ciemnobrązowego cukru
- 1/2 szklanki sosu sojowego
- tarty świeży imbir, 1 łyżka
- kropla oleju sezamowego

PRZYGOTOWANIE

1. Przykryć i dusić na małym ogniu przez około 8 godzin. Podawać z białym ryżem.

2. Witam!

3. Przepis na udko z kurczaka udostępniony przez LeRoya i Nitz Dawg!

Kurczak z ziołami i warzywami

TREŚĆ

- 3 do 4 kilogramów kawałków kurczaka

- 1 1/2 do 2 szklanek mrożonych lub z puszki i odsączonych małych całych cebul

- 2 szklanki całych młodych marchewek

- 2 średnie ziemniaki, pokrojone na 1-calowe kawałki

- 1 1/2 szklanki bulionu z kurczaka

- 2 średnie żeberka selera pokrojone na 2-calowe kawałki

- 2 plasterki posiekanego boczku

- 1 liść laurowy

- 1/4 łyżeczki suszonego tymianku

- 1/4 łyżeczki czarnego pieprzu

- 1/4 szklanki posiekanej świeżej pietruszki

- 2 łyżki posiekanego świeżego estragonu lub 1 łyżeczka suszonego estragonu

- 1 łyżeczka startej skórki cytryny

- 2 łyżki świeżego soku z cytryny

- 1/2 łyżeczki soli lub do smaku

PRZYGOTOWANIE

1. W powolnym naczyniu połącz kurczaka, cebulę, marchewkę, ziemniaki, zupę, seler, boczek, liść laurowy, tymianek i pieprz. Umieścić na małym ogniu i gotować przez 8 do 10 godzin.

2. Odłóż na bok.

3. Wyjmij kurczaka i warzywa łyżką cedzakową na rozgrzany talerz. Przykryj folią i trzymaj w cieple. Usuń i wyrzuć nadmiar oleju. Wymieszaj natkę pietruszki, estragon, skórkę i sok z cytryny z solą do smaku; łyżką posyp kurczaka i warzywa.

Kurczak z ziołami i dzikim ryżem

TREŚĆ

- 1 do 1 1/2 funta mięsa z kurczaka lub połowa piersi kurczaka bez kości

- 6 do 8 uncji pokrojonych w plasterki grzybów

- 1 łyżka oleju roślinnego

- 2 do 3 plasterków pokruszonego boczku lub 2 łyżki prawdziwego boczku

- 1 łyżeczka masła

- 1 opakowanie ryżu długoziarnistego i dzikiego Uncle Bens (o smaku kurczaka).

- 1 opakowanie kremu z rosołu, ostrego lub zwykłego

- 1 szklanka wody

- 1 łyżeczka mieszanki ziół, np. delikatnych ziół lub mieszanki ulubionych ziół; pietruszka, tymianek, estragon itp.

PRZYGOTOWANIE

1. Kawałki kurczaka i grzyby podsmaż na oleju i maśle, aż się lekko zrumienią. Umieść boczek na dnie wolnowaru o pojemności od 3 1/2 do 5 litrów. Połóż ryż na bekonie. Zarezerwuj paczkę przypraw. Połóż kawałki kurczaka na ryżu – pokrój je w paski lub kostkę, jeśli używasz piersi kurczaka. Zalać zupą kurczaka, następnie dodać wodę. Całość posyp przyprawami i posyp mieszanką ziół. Przykryj i gotuj na poziomie LOW przez 5 1/2 do 6 1/2 godziny lub do momentu, aż ryż będzie miękki (nie na niskim poziomie).

2,4 do 6 osób.

Kurczak z miodem i imbirem

TREŚĆ

- 3-funtowe piersi z kurczaka bez skóry

- 1 1/4 cala świeżego korzenia imbiru, obranego i drobno posiekanego

- 2 ząbki czosnku, posiekane

- 1/2 szklanki sosu sojowego

- 1/2 szklanki miodu

- 3 łyżki wytrawnego sherry

- Wymieszaj 2 łyżki skrobi kukurydzianej z 2 łyżkami wody

PRZYGOTOWANIE

1. W małej misce wymieszaj imbir, czosnek, sos sojowy, miód i sherry. Zanurz kawałki kurczaka w sosie; umieść kawałki kurczaka w powolnej kuchence; Całość polewamy pozostałym sosem. Przykryj i gotuj na poziomie LOW przez około 6 godzin.

2. Wyjmij kurczaka na gorący półmisek i wlej płyn na patelnię lub patelnię do smażenia. Doprowadź do wrzenia i kontynuuj gotowanie przez 3 do 4 minut, aby lekko zredukować. Wymieszaj skrobię kukurydzianą z mieszaniną sosu.

3. Gotuj na małym ogniu, aż zgęstnieje. Polej kurczaka sosem, a resztę zmiksuj.

4. Podawaj kurczaka z gorącym ryżem.

Kurczak pieczony w miodzie z batatami

TREŚĆ

- 3 szklanki obranych i pokrojonych w plasterki słodkich ziemniaków, około 2 średnich i dużych słodkich ziemniaków

- 1 puszka (8 uncji) kawałków ananasa, wyciśniętego soku, bez odsączenia

- 1/2 szklanki bulionu z kurczaka

- 1/4 szklanki drobno posiekanej cebuli

- 1/2 łyżeczki mielonego imbiru

- 1/3 szklanki sosu barbecue, ulubionego

- 2 łyżki miodu

- 1/2 łyżeczki musztardy suszonej

- 4 do 6 udek z kurczaka (podudzie i udek, bez skóry)

PRZYGOTOWANIE

W wolnowarze o pojemności od 3 1/2 do 5 litrów połącz słodkie ziemniaki, sok z ananasa, bulion z kurczaka, posiekaną cebulę i mielony imbir; Mieszaj, aby dobrze się połączyć. W małej misce wymieszaj sos barbecue, miód i musztardę suszoną; Mieszaj, aby dobrze się połączyć. Obficie posmaruj kurczaka mieszanką sosu barbecue ze wszystkich stron. Połóż panierowanego kurczaka w jednej warstwie na mieszance słodkich ziemniaków i ananasa, w razie potrzeby nakładając się na siebie. Wlać pozostałą mieszaninę sosu barbecue na kurczaka.

2. Osłona; Gotuj na małym ogniu przez 7 do 9 godzin lub do momentu, aż kurczak będzie miękki na widelcu, soki będą klarowne, a słodkie ziemniaki miękkie.

3,4 do 6 osób.

Kurczak Hoisin z miodem

TREŚĆ

- 2 do 3 kilogramów kawałków kurczaka (lub całego kurczaka, posiekanego)
- 2 łyżki sosu sojowego
- 2 łyżki sosu hoisin
- 2 łyżki miodu
- 2 łyżki wytrawnego białego wina
- 1 łyżka startego korzenia imbiru lub 1 łyżeczka mielonego imbiru
- 1/8 łyżeczki mielonego czarnego pieprzu
- 2 łyżki skrobi kukurydzianej
- 2 łyżki wody

PRZYGOTOWANIE

1. Umyj i osusz kurczaka; Umieść go pod powolną kuchenką.

2. Wymieszaj sos sojowy, sos rodzynkowy, miód, wino, imbir i pieprz. Sosem polej kurczaka.

3. Przykryj i gotuj na wolnym ogniu przez około 5 1/2 do 8 godzin lub do momentu, aż kurczak będzie miękki, a soki będą klarowne.

4. Wymieszaj skrobię kukurydzianą i wodę.

5. Wyjmij kurczaka z wolnowaru; Zwiększ ogień i dodaj mieszaninę skrobi kukurydzianej i wody.

6. Kontynuuj gotowanie, aż zgęstnieje i dodaj kurczaka do wolnowaru, aby się podgrzał.

Kurczak po włosku

TREŚĆ

- 4 piersi z kurczaka, bez kości, pokrojone w drobną kostkę
- 1 - 16 uncji pomidory z puszki, pokrojone
- 1 duża zielona słodka papryka, posiekana
- 1 mała główka jadalnej cebuli, posiekana
- 1 średni seler, posiekany
- 1 średnia marchewka, obrana i posiekana
- 1 liść laurowy
- 1 łyżeczka suszonego tymianku
- 1 łyżeczka suszonej bazylii
- 1/2 łyżeczki suszonego tymianku, według uznania
- 2 posiekane ząbki czosnku; LUB 2 łyżeczki. czosnek w proszku
- 1/2 łyżeczki soli
- 1/2 łyżeczki czerwonej papryki lub do smaku
- 1/2 szklanki startego parmezanu lub sera Romano

PRZYGOTOWANIE

1. Wymieszaj wszystkie składniki oprócz startego sera w powolnej kuchence.

2. Przykryj i gotuj na małym ogniu przez 6 do 8 godzin. Przed podaniem wyjąć liść laurowy i posypać tartym serem.

3. Pasuje do ryżu lub makaronu.

Kurczak w garnku, po włosku

TREŚĆ

- 1 funt udek z kurczaka bez kości i skóry lub 4 udka z kurczaka bez skóry
- 1/2 szklanki posiekanej cebuli
- 1/2 szklanki pokrojonych w plasterki dojrzałych oliwek bez pestek
- 1 puszka (14,5 uncji) pokrojonych w kostkę pomidorów, bez odsączenia
- 1 łyżeczka suszonych liści tymianku
- 1/2 łyżeczki soli
- 1/2 łyżeczki suszonego rozmarynu, zmiażdżonego
- szczypta suszonego tymianku
- 1/4 łyżeczki sproszkowanego czosnku
- 1/4 szklanki zimnej wody lub bulionu z kurczaka
- 1 łyżka skrobi kukurydzianej

PRZYGOTOWANIE

1. Umieść kurczaka w wolnowarze o pojemności od 3 1/2 do 5 litrów. Na wierzchu ułóż posiekaną cebulę i pokrojone w plasterki oliwki. Pomidory wymieszać z tymiankiem, solą, rozmarynem, tymiankiem i czosnkiem w proszku. Wlać mieszaninę pomidorów na kurczaka. Przykryj i gotuj na poziomie

LOW przez 7 do 9 godzin lub do momentu, aż kurczak będzie miękki i sok będzie przezroczysty. Ułóż kurczaka i warzywa na ciepłym talerzu z patelnią. Przykryj folią i trzymaj w cieple. Ustaw Crockpot na WYSOKIE.

2. W filiżance lub małej misce wymieszaj wodę lub zupę ze skrobią kukurydzianą; mieszaj, aż będzie gładkie. Wmieszać do płynu w garnku. Przykryj i gotuj, aż zgęstnieje. Zagęszczony sos podawać z kurczakiem.

3. Serwis 4.

Włoskie spaghetti z kurczakiem, wolnowar

TREŚĆ

- 1 puszka (8 uncji) sosu pomidorowego
- 6 do 8 połówek piersi kurczaka bez kości i skóry
- 1 puszka (6 uncji) koncentratu pomidorowego
- 3 łyżki wody
- 3 średnie ząbki czosnku, posiekane
- 2 łyżeczki suszonych liści tymianku, pokruszonych
- 1 łyżeczka cukru lub do smaku
- gorące gotowane spaghetti
- 4 uncje startego sera mozzarella
- Tarty parmezan

PRZYGOTOWANIE

1. W razie potrzeby usmaż kurczaka na rozgrzanym oleju; wypisać. Posypać obficie solą i pieprzem. Umieść kurczaka w powolnej kuchence. Wymieszać sos pomidorowy, koncentrat pomidorowy, wodę, czosnek, tymianek i cukier; Polej kurczaka. Przykryj i gotuj na poziomie LOW

przez 6 do 8 godzin. Wyjmij kurczaka i trzymaj w cieple. Rozgrzej kuchenkę na dużym ogniu, dodaj ser mozzarella do sosu. Gotuj pod przykryciem, aż ser się roztopi, a sos dobrze podgrzeje.
2. Podawaj kurczaka z sosem na gorącym spaghetti. Podawać z parmezanem.
3. Przeznaczony jest dla 6 do 8 osób.

Łatwy kurczak Strogonow

TREŚĆ

-
- 1 szklanka beztłuszczowej kwaśnej śmietany
- 1 łyżka mąki uniwersalnej Gold Metal
- 1 opakowanie mieszanki sosu do kurczaka (około 1 uncja)
- 1 szklanka wody
- 1 funt piersi z kurczaka bez kości i skóry, pokrojonych na 1-calowe kawałki
- 16 uncji mrożonych kalifornijskich warzyw, rozmrożonych
- 1 szklanka pokrojonych w plasterki grzybów, duszonych
- 1 szklanka mrożonego groszku
- 10 uncji ziemniaków, obranych i pokrojonych na 1-calowe kawałki, około 2 średnie obrane ziemniaki
- 1 1/2 szklanki mieszanki do pieczenia Bisquick
- 4 posiekane zielone cebule (1/3 szklanki)
-

1/2 szklanki 1% mleka o niskiej zawartości tłuszczu

PRZYGOTOWANIE

1. Połącz śmietanę, mąkę, mieszaninę sosu i wodę w rondlu o pojemności 3-1/2-5 litrów, aż będzie gładka. Wymieszaj kurczaka, warzywa i grzyby.

Przykryj i gotuj na wolnym ogniu przez 4 godziny lub do momentu, aż kurczak będzie miękki, a sos zgęstnieje. Wymieszaj groszek. Wymieszaj mieszaninę do gotowania i cebulę. Mieszaj mleko, aż będzie wilgotne. Nałóż okrągłą łyżką ciasta na mieszankę kurczaka i warzyw. Przykryj i gotuj na dużym ogniu przez 45 do 50 minut lub do momentu, aż wykałaczka wbita w środek klopsików będzie czysta.
2. Podawaj od razu 4 porcje.

Kurczak wolnowarowy z sosem serowym Lilly's

TREŚĆ

- 6 piersi z kurczaka bez kości i skóry
- 2 pudełka kremu z kurczaka
- 1 opakowanie zupy serowej
- sól, pieprz, czosnek w proszku do smaku

PRZYGOTOWANIE

1. Pierś kurczaka posyp czosnkiem w proszku, solą i pieprzem.
2. Włóż 3 piersi z kurczaka do wolnowaru. Połącz wszystkie zupy; Połową bulionu zalej 3 pierwsze piersi z kurczaka.
3. Na wierzchu ułóż pozostałe 3 piersi z kurczaka. Na wierzch wylej pozostałą zupę.
4. Przykryj i gotuj na poziomie LOW przez 6 do 8 godzin.

Pierś z kurczaka po meksykańsku

TREŚĆ

- 2 łyżki oleju roślinnego

- 3 do 4 połówek piersi kurczaka bez kości i skóry, pokrojonych na 1-calowe kawałki

- 1/2 szklanki posiekanej cebuli

- 1 zielona papryka (lub użyj czerwonej papryki)

- 1 do 2 małych papryczek jalapeno, drobno posiekanych

- 3 ząbki czosnku, posiekane

- 1 puszka (4 uncje) łagodnej papryczki chili, posiekanej

- 1 puszka (14 1/2 uncji) pomidorów pokrojonych w kostkę, chili lub pieczonych po meksykańsku

- 1 łyżeczka suszonych liści tymianku

- 1/4 łyżeczki mielonego kminku

- tarty ser mieszany meksykański

- Salsa

-

Dodatkowe dekoracje

- Kwaśna śmietana

- Guacamole

- pokrojona w plasterki cebula dymka

- pokrojone pomidory

- posiekana sałata

- pokrojone dojrzałe oliwki

-
Kolendra

PRZYGOTOWANIE

1. Rozgrzej olej na dużej patelni na średnim ogniu. Brązowa pierś z kurczaka. Wyjmij go i opróżnij.
2. Na tej samej patelni podsmaż cebulę, zieloną paprykę, czosnek i papryczkę jalapeno, aż będą miękkie.
3. Umieść mieszaninę piersi kurczaka i cebuli w powolnej kuchence.
4. Dodaj łagodne chili, pomidory, oregano i kminek do wolnowaru; wymieszać, aby połączyć.
5. Przykryj i gotuj przez 6 do 8 godzin na poziomie NISKIM (3 do 4 godzin na poziomie WYSOKIM).
6. Podawać z ciepłymi tortillami z mąki pszennej, tartym serem i salsą, wraz z ulubionymi dodatkami i przyprawami.
7. Guacamole lub kwaśna śmietana to smaczna przystawka z pokrojoną w plasterki dymką lub pokrojonymi w kostkę pomidorami.

Kurczak Pauli z porem

TREŚĆ

- 3 do 4 kilogramów kawałków kurczaka z kośćmi
- 4 do 6 ziemniaków pokrojonych w plastry o grubości 1/4 cala
- 1 opakowanie mieszanki zupy porowej
- 1 cienko pokrojony por lub 4 pokrojone w plasterki zielone cebule
- 1/2 do 1 szklanki wody
- Czerwona papryka
- Przyprawy •

PRZYGOTOWANIE

1. Umieść ziemniaki na dnie garnka/woltownicy, posyp cebulą lub porem, następnie dodaj kurczaka. (Jeśli zamierzasz dodać kilka warstw kurczaka, sól i pieprz, dodaj dolne warstwy. Nie doprawiaj jeszcze górnej warstwy.) Połącz zupę porową z około 1/2 szklanki wody; polej je całe. Doprawiamy górną warstwę kurczaka. Na tym etapie posypuję jeszcze papryką dla nadania koloru.

- W razie potrzeby doprawić posiekanym czosnkiem i odrobiną świeżego rozmarynu.

Gotuj na małym ogniu przez 6 do 7 godzin, w razie potrzeby dodając więcej wody.

Bezczelne grillowane udka z kurczaka Jack Daniel's

TREŚĆ

- 5 do 6 kilogramów udek z kurczaka
- 1 szklanka mąki uniwersalnej
- 1 łyżeczka soli
- 1/2 łyżeczki mielonego czarnego pieprzu
-

Sos grilowy

- 1 1/2 szklanki ketchupu
- 4 łyżki masła
- 1/2 szklanki Jack Daniels lub innej dobrej whisky
- 5 łyżek brązowego cukru
- 3 łyżki melasy
- 3 łyżki octu jabłkowego
- 2 łyżki sosu Worcestershire
- 1 łyżka sosu sojowego
- 4 łyżeczki musztardy Dijon lub musztardy dla smakoszy
- 2 łyżeczki płynnego dymu
- 1 1/2 łyżeczki sproszkowanej cebuli
- 1 łyżeczka sproszkowanego czosnku
- Opcjonalnie 1 łyżka srirachy lub więcej (można zastąpić około 1 łyżeczką pieprzu cayenne)

- 1/2 łyżeczki mielonego czarnego pieprzu

PRZYGOTOWANIE
1. Wyłóż 2 brzegi blachy do pieczenia folią; Spryskaj nieprzywierającym sprayem kuchennym. Rozgrzej piekarnik do 425 stopni.
2. Wymieszaj drażetki z mąką, 1 łyżeczką soli i 1/2 łyżeczki pieprzu.
3. Ułożyć na blasze do pieczenia i piec 20 minut. Odwróć bębny i wróć do piekarnika. Piecz przez kolejne 20 minut lub do momentu, aż ładnie się zarumieni.

4. W międzyczasie umieść składniki sosu na średniej patelni; Dobrze wymieszaj i pozwól mu się zagotować na średnim ogniu.
5. Zmniejsz ogień i gotuj przez 5 minut.
6. Przełóż podudzia do miski lub wolnowaru (jeśli zamierzasz je podgrzewać przez jedną porcję). Skropić około połową sosu barbecue. Podawaj natychmiast z sosem lub ustaw wolnowar na LOW, aby utrzymać ciepło. Jeśli nie podajesz od razu, resztę sosu przechowuj w lodówce do czasu podania.
7. Podawaj gorące udka z sosem. Miej pod ręką mnóstwo serwetek.
8. Z tego przepisu wychodzi około 3 tuziny kawałków, które wystarczą na przystawkę dla 6-8 osób.

Kurczak i kluski Sherri

TREŚĆ

- 4 połówki piersi kurczaka

- 2 puszki bulionu z kurczaka (3 1/2 szklanki)

- 1 szklanka wody

- 3 kostki bulionu z kurczaka lub odpowiedniego bulionu lub granulatu

- 1 mała marchewka, posiekana

- 1 małe żeberko selera, posiekane

- 1/2 szklanki posiekanej cebuli

-

12 dużych tortilli pszennych

PRZYGOTOWANIE

1. Wymieszaj wszystkie składniki oprócz tortilli w powolnej kuchence. Gotuj na małym ogniu przez 8

do 10 godzin. Wyjmij kurczaka i oddziel mięso od kości, następnie włóż zupę do kuchenki w dużym garnku. Kurczaka pokroić na kawałki wielkości kęsa i wrócić do bulionu na płycie kuchennej. Niech się delikatnie zagotuje.
2. Chleb przekrój na pół, a następnie na 1-calowe paski. Paski włożyć do wrzącego bulionu i gotować na wolnym ogniu przez 15 do 20 minut, od czasu do czasu mieszając. Zupa powinna zgęstnieć, ale jeśli jest zbyt rzadka, wymieszaj 1 łyżkę skrobi kukurydzianej z taką ilością wody, aby się rozpuściła i wmieszaj do zupy.
3. Gotuj przez kolejne 5 do 10 minut.
4. dla 4 osób.

Prosty grill z kurczakiem w powolnym gotowaniu

TREŚĆ

- 3 połówki piersi kurczaka bez kości
- 1 1/2 szklanki pikantnego sosu barbecue, według własnego wyboru, plus więcej do podania
- 1 średnia cebula, pokrojona w plasterki lub posiekana
- smażone bułeczki
- surówka z kapusty, do podania

PRZYGOTOWANIE

1. Umyj i osusz pierś z kurczaka. Umieścić w powolnej kuchence z 1 1/2 szklanki sosu barbecue i cebulą. Mieszaj, aby pokryć kurczaka. Przykryj i gotuj na poziomie HIGH przez 3 godziny.
2. Wyjmij piersi z kurczaka na talerz i posiekaj je lub posiekaj. Wróć pokrojonego kurczaka do sosu w powolnej kuchence; wymieszać do połączenia. Przykryj i gotuj przez kolejne 10 minut.
3. Podawaj pokrojonego kurczaka na podpieczonych bułeczkach z sałatką coleslaw i dodatkowym sosem barbecue.
4. Przeznaczony jest dla 4 do 6 osób.

Kurczak Dijon z wolnowaru

TREŚĆ

-
- 1 do 2 funtów delikatnej piersi z kurczaka
- 1 puszka skondensowanego bulionu z kurczaka, nierozcieńczona (10 1/2 uncji)
- 2 łyżki musztardy Dijon zwykłej lub granulowanej
- 1 łyżka skrobi kukurydzianej
- 1/2 szklanki wody
- pieprz do smaku
- 1 łyżeczka suszonych liści pietruszki lub 1 łyżka świeżo posiekanej natki pietruszki

PRZYGOTOWANIE

1. Umyj i osusz kurczaka; włóż do wolnowaru. Połącz zupę z musztardą i skrobią kukurydzianą; Dodać wodę i wymieszać. Wymieszać z pietruszką i pieprzem. Wlać mieszaninę na kurczaka. Przykryj i gotuj na poziomie LOW przez 6 do 7 godzin. Podawać z gorącym ugotowanym ryżem i dodatkiem warzywnym.
2. Przepis na kurczaka Dijon przeznaczony jest dla 4 do 6 osób.

Grillowany kurczak w powolnym gotowaniu

TREŚĆ

- 3 do 4 kilogramów kawałków kurczaka
- 1 duża cebula, grubo posiekana
- 1 butelka sosu barbecue

PRZYGOTOWANIE

1. Umieść kurczaka na dnie wolnowaru lub garnka, dodaj cebulę i sos barbecue. Gotuj na poziomie LOW przez około 6 do 8 godzin lub do momentu, aż kurczak będzie miękki, ale nie rozpadający się.
2. Przeznaczony jest dla 4 do 6 osób.

Zabatak z kurczaka grillowany w trybie powolnego gotowania

TREŚĆ

-
1/2 szklanki mąki

-
1/2 łyżeczki sproszkowanego czosnku

-
1 łyżeczka suchej musztardy

-
1 łyżeczka soli

-
1/4 łyżeczki pieprzu

-
8 udek z kurczaka

-
2 łyżki oleju roślinnego

-
1 szklanka gęstego sosu barbecue

PRZYGOTOWANIE

1. Umieść mąkę, proszek czosnkowy, musztardę, sól i pieprz w torbie do przechowywania żywności. Dodaj kilka kawałków kurczaka na raz i potrząśnij, aby dobrze się nimi pokryły. Rozgrzej olej na dużej

patelni; Dodać kurczaka i obsmażyć go ze wszystkich stron. Do garnka włóż połowę sosu barbecue; Dodać kurczaka i dodać resztę sosu. Gotuj przez 6 do 7 godzin lub do momentu, gdy kurczak będzie miękki, a soki będą klarowne.
2. Przeznaczony jest dla 4 do 6 osób.

Sos do makaronu z kurczakiem i kiełbasą wolnowarujący

TREŚĆ

- 1 łyżka oliwy z oliwek
- 4 ząbki rozgniecionego czosnku
- 1/2 szklanki posiekanej cebuli
- 1 czerwona papryka, posiekana
- 1 posiekana zielona papryka
- 1 mała cukinia, posiekana
- 1 puszka (4 uncje) grzybów
- 1 puszka pomidorów sezonowanych włosko
- 1 puszka (6 uncji) koncentratu pomidorowego
- 3 ogniwa słodkiej włoskiej kiełbasy
- 4 piersi z kurczaka bez kości, pokrojone w paski
- 1 łyżeczka przyprawy włoskiej •
- opcjonalnie płatki czerwonej papryki

PRZYGOTOWANIE

1. Rozgrzej olej na patelni. Podsmaż cebulę i czosnek, aż uzyskają jasnobrązowy kolor. Ulec poprawie.
2. Dodaj kiełbasę; wszędzie brąz. Dodaj kurczaka i smaż, aż uzyskasz złoty kolor. Odcedź nadmiar oleju. Kiełbaski pokroić na 1-calowe kawałki.

Wszystkie pozostałe składniki wymieszaj w powolnej kuchence z cebulą i czosnkiem. Dodaj kiełbaski, a następnie paski kurczaka. Przykryj i gotuj na poziomie LOW przez 4 do 6 godzin, aż kurczak będzie miękki i suchy.
3. Podawaj ten pyszny sos z gorącym, ugotowanym makaronem.
4. dla 4 osób.

Curry z kurczaka w wolnym gotowaniu

TREŚĆ

- 2 całe piersi z kurczaka, pozbawione kości i posiekane
- 1 opakowanie kremu z kurczaka
- 1/4 szklanki wytrawnego sherry
- 2 łyżki stołowe. masło lub margaryna
- 2 główki dymki, drobno posiekane
- 1/4 łyżeczki. curry w proszku
- 1 łyżeczka. sól
- Szczypta pieprzu
- gorący ugotowany ryż

PRZYGOTOWANIE

1. Kurczaka ułożyć w naczyniu żaroodpornym. Dodaj wszystkie pozostałe składniki oprócz ryżu. Przykryj i gotuj na niskim lub wysokim poziomie przez 2 do 3 godzin przez 4 do 6 godzin. Podawać z gorącym ryżem.

Curry z kurczaka w wolnym gotowaniu z ryżem

TREŚĆ

- 4 piersi z kurczaka bez kości i skóry, pokrojone w paski lub 1-calowe kawałki
- 2 duże cebule pokrojone w ćwiartki i cienkie plasterki
- 3 ząbki czosnku, posiekane
- 1 łyżka sosu sojowego lub Tamari
- 1 łyżeczka curry Madras
- 2 łyżeczki papryki
- 1 łyżeczka kurkumy
- 1 łyżeczka mielonego imbiru
- 1/3 szklanki bulionu z kurczaka lub wody
- sól i świeżo zmielony czarny pieprz do smaku
- gorący ugotowany ryż

PRZYGOTOWANIE
1. Wymieszaj wszystkie składniki oprócz ryżu w powolnej kuchence lub garnku.
2. Przykryj i gotuj przez 6 do 8 godzin lub do momentu, aż kurczak będzie miękki.

3. Próbujemy i doprawiamy solą i pieprzem jeśli to konieczne.
4. Podawać z ryżem lub makaronem

Enchilady z kurczaka w powolnej kuchence

TREŚĆ

- 3 szklanki posiekanego gotowanego kurczaka
- 3 szklanki startego meksykańskiego sera pieprzowego, podzielone
- 1 puszka (4,5 uncji) posiekanego zielonego chilli
- 1/4 szklanki posiekanej świeżej kolendry
- 1 1/2 szklanki kwaśnej śmietany, podzielone
- 8 tortilli pszennych (8 cali)
- 1 szklanka salsy pomidorowej
- Polecane dodatki: pokrojone w kostkę pomidory, pokrojone szalotki, dojrzałe oliwki, krążki jalapeño, posiekana świeża kolendra

PRZYGOTOWANIE

1. Lekko naoliwij wolnowar o pojemności od 4 do 6 litrów.
2. W misce połącz pokrojonego w kostkę kurczaka z 2 szklankami startego sera, posiekanymi zielonymi papryczkami chilli, 1/4 szklanki posiekanej kolendry i 1/2 szklanki kwaśnej śmietany; Mieszaj do połączenia składników.
3. Umieść trochę mieszanki z kurczakiem na środku chleba, równomiernie rozprowadzając mieszankę pomiędzy wszystkimi ośmioma bochenkami. Zwiń je w rulon i ułóż łączeniem do dołu w przygotowanej kuchence.
4. Jeśli to konieczne, ułóż chleb w stos.
5. W małej misce wymieszaj salsę z pozostałą 1 szklanką kwaśnej śmietany. Rozłóż mieszaninę na tortillach.
6. Przykryj i gotuj na poziomie LOW przez 4 godziny. Posyp tortille pozostałym startym serem. Przykryj i gotuj na poziomie LOW przez kolejne 20 do 30 minut.
7. Przeznaczony jest dla 4 do 6 osób.

Fricassee z kurczakiem w wolnym gotowaniu z warzywami

TREŚĆ

- 4 do 6 połówek piersi kurczaka bez kości i skóry
- pieprz i sól do smaku
- 2 łyżki masła
- 2 ząbki czosnku, posiekane
- 3 łyżki mąki uniwersalnej
- 2 szklanki bulionu z kurczaka o niskiej zawartości sodu
- 1 łyżeczka suszonego tymianku
- 1/2 łyżeczki suszonych liści estragonu
- 3 do 4 marchewek pokrojonych na 2-calowe kawałki
- 2 cebule, przekrojone na pół, pokrojone w grubsze plasterki
- 2 duże pory, tylko biała część, umyć i posiekać
- 1 liść laurowy
- 1/2 szklanki półproduktu lub jasnej śmietanki
-

1 1/2 szklanki mrożonego groszku, rozmrożonego

PRZYGOTOWANIE

1. Umyj i osusz pierś z kurczaka. Zostaw to na boku. Smaż posiekany czosnek na maśle przez minutę,

następnie dodaj mąkę i smaż, mieszając, aż masa stanie się gładka. Wlej bulion (zamiast części bulionu możesz użyć 1/4 szklanki wytrawnego białego wina lub sherry), tymianek, estragon i mieszaj, aż zgęstnieje. Na patelni umieść cebulę, marchewkę, kurczaka, a następnie por; Całość polej sosem. Dodaj liść laurowy. Przykryj i gotuj na poziomie NISKIM przez 6 do 7 godzin lub na poziomie WYSOKIM przez 3 do 5 godzin.
2. Jeśli gotujesz na niskim poziomie, zmień na wysoki i wymieszaj połowę i rozmrożony groszek. Przykryj i kontynuuj gotowanie na dużym ogniu przez kolejne 15 minut lub do momentu, aż groszek się rozgrzeje. Posmakuj i dostosuj przyprawy. Przed podaniem usuń liść laurowy.
3. Przeznaczony jest dla 4 do 6 osób.

Wolno gotowany kurczak z pikantnym sosem

TREŚĆ

- 1/2 s. sok pomidorowy
- 1/2 s. sos sojowy
- 1/2 s. brązowy cukier
- 1/4 w. Rosół
- 3 ząbki czosnku, posiekane
- Kawałki kurczaka o wadze 3 do 4 kilogramów bez skóry

PRZYGOTOWANIE
1. Wszystkie składniki oprócz kurczaka wymieszaj w głębokiej misce. Zanurz każdy kawałek kurczaka w sosie. Umieścić w powolnej kuchence. Na wierzch wylać pozostały sos. Gotuj na niskim poziomie przez 6 do 8 godzin lub na wysokim przez 3 do 4 godzin.
2. Na 6 porcji.

Wolnowarujący kurczak Madras z curry w proszku

TREŚĆ

- 3 cebule pokrojone w cienkie plasterki
- 4 jabłka, obrane, wypestkowane i pokrojone w cienkie plasterki
- 1 łyżeczka soli
- 1 do 2 łyżeczek curry lub do smaku
- 1 pieczony kurczak, posiekany
- Czerwona papryka

PRZYGOTOWANIE

1. Połącz cebulę i jabłka w garnku; Posyp solą i curry. Dobrze wymieszaj. Połóż skórę kurczaka na mieszance cebuli. Posypać obficie papryką.
2. Przykryj i gotuj na poziomie LOW przez 6 do 8 godzin, aż kurczak będzie miękki.
3. Posmakuj i jeśli to konieczne, dodaj więcej przypraw.
4. dla 4 osób.

Kurczak z grzybami w wolnym gotowaniu

TREŚĆ

- 6 kawałków piersi z kurczaka z kośćmi, bez skóry
- 1 1/4 łyżeczki soli
- 1/4 łyżeczki pieprzu
- 1/4 łyżeczki czerwonej papryki
- 1 3/4 łyżeczki bulionu lub bulionu o smaku kurczaka
- 1 1/2 szklanki pokrojonych w plasterki świeżych grzybów
- 1/2 szklanki zielonej cebuli, pokrojonej w plasterki
- 1/2 szklanki białego wytrawnego wina
- 1/2 szklanki skondensowanego mleka
- 5 łyżeczek skrobi kukurydzianej
- świeżo posiekana natka pietruszki

PRZYGOTOWANIE

1. Umyj i osusz kurczaka. W misce wymieszaj sól, pieprz i cayenne. Całą mieszanką natrzyj kurczaka. W wolnowarze umieszczać na przemian kurczaka, bulion w ziarnach lub liściach, grzyby i dymkę. Powoli wlewaj wino. Nie mieszać składników. Przykryj i gotuj na wysokim poziomie przez 2 1/2 do 3 godzin lub na niskim poziomie przez 5 do 6

godzin lub do momentu, aż kurczak będzie miękki, ale nie rozpadający się.
2. Wyjmij kurczaka i warzywa na talerz lub do miski za pomocą łyżki cedzakowej. Przykryj folią i trzymaj kurczaka w cieple. W małym rondlu połącz skondensowane mleko i skrobię kukurydzianą, mieszaj, aż mieszanina będzie gładka. Powoli dodaj 2 szklanki płynu z gotowania. Doprowadzić do wrzenia na średnim ogniu, mieszając; Kontynuuj gotowanie przez 1 minutę lub do momentu, aż zgęstnieje. Częścią sosu polej kurczaka i według uznania udekoruj natką pietruszki. Jeśli chcesz, podawaj z gorącym gotowanym ryżem lub makaronem.

Wolnowar Cordon Bleu

TREŚĆ

- 6 połówek piersi kurczaka, bez kości i skóry – ubić do lekkiego spłaszczenia
- 6 cienkich plastrów szynki
- 6 cienkich plastrów sera szwajcarskiego
- 1/4 do 1/2 szklanki mąki do panierowania
- 1/2 funta pokrojonych w plasterki grzybów
- 1/2 szklanki bulionu z kurczaka
- 1/2 szklanki wytrawnego białego wina (lub bulionu z kurczaka)
- 1/2 łyżeczki rozgniecionego rozmarynu
- 1/4 szklanki startego parmezanu
- Wymieszaj 2 łyżeczki skrobi kukurydzianej z 1 łyżką zimnej wody
- pieprz i sól do smaku

PRZYGOTOWANIE

1. Na każdą spłaszczoną pierś kurczaka połóż plasterek szynki i plaster sera i zwiń. Zabezpiecz wykałaczkami i obtocz każdy z nich w mące do panierowania. Włóż grzyby do wolnowaru, a następnie pierś kurczaka. Wymieszaj bulion, wino

(jeśli używasz) i rozmaryn; Polej kurczaka. Posypać parmezanem. Przykryj i gotuj na małym ogniu przez 6 do 7 godzin. Wyjmij kurczaka tuż przed podaniem; trzymaj się ciepło.
2. Dodaj mieszaninę skrobi kukurydzianej do soków w powolnej kuchence; mieszać aż zgęstnieje. Doprawiamy solą i pieprzem, następnie próbujemy i doprawiamy. Sosem polej roladki z kurczaka i podawaj.
3. Usługa 6.

Kurczak Dijon z wolnowaru

TREŚĆ

- 4 połówki piersi kurczaka bez kości
- 1 łyżka miodowej musztardy Dijon
- sól i grubo mielony czarny pieprz lub pieprz ostry
- 2 opakowania (po 8 uncji) szpinaku dziecięcego lub 1 funt umytych i osuszonych świeżych liści szpinaku
- Pokrój 2 łyżki masła na małe kawałki
- opcjonalnie posiekana świeża kolendra lub pietruszka
- opcjonalnie prażone plasterki migdałów

PRZYGOTOWANIE

1. Nasmaruj wolnowar lub spryskaj go nieprzywierającym sprayem do gotowania.
2. Umyj i osusz pierś z kurczaka.
3. Natrzyj kurczaka musztardą miodową; posypać solą i pieprzem.
4. Umieść piersi z kurczaka w powolnej kuchence. Na wierzchu ułóż szpinak.
5. Jeśli Twoja powolna kuchenka jest za mała na cały szpinak, krótko gotuj na parze i dodaj zwiędłe liście szpinaku.

6. Szpinak posmaruj masłem i posyp większą ilością soli i pieprzu.
7.
8. Przed podaniem udekoruj kolendrą lub natką pietruszki lub, według uznania, posyp prażonymi migdałami.
9. Przykryj i gotuj na poziomie LOW przez 5 do 6 godzin.

• Aby uprażyć migdały, dodaj je na suchą patelnię na średnim ogniu. Gotuj, ciągle mieszając, aż lekko się zrumieni i będzie aromatyczny.

Kurczak z cytryną w wolnym gotowaniu

TREŚĆ

- 1 brojler pokrojony w kostkę lub około 3 1/2 kg kawałków kurczaka

- 1 łyżeczka pokruszonych, suszonych liści tymianku

- 2 ząbki czosnku, posiekane

- 2 łyżki masła

- 1/4 szklanki wytrawnego wina, sherry, bulionu z kurczaka lub wody

- 3 łyżki soku z cytryny

- Sól i pieprz

PRZYGOTOWANIE
1. Posolić i popieprzyć kawałki kurczaka. Posyp kurczaka połową czosnku i tymianku.
2. Rozpuść masło na patelni na średnim ogniu i usmaż kurczaka.
3. Kurczaka przełożyć do naczynia żaroodpornego. Posypać resztą tymianku i czosnkiem. Dodaj wino lub sherry do patelni i zamieszaj, aby poluzować przyrumienione kawałki; Wlać do wolnowaru.
4. Przykryj i gotuj na NISKIM poziomie (200°) przez 7 do 8 godzin. W ostatniej godzinie dodać sok z cytryny.
5. Usuń oleje z soków i wlej do miski; w razie potrzeby zagęścić soki.
6. Podawać z bulionem z kurczaka.
7. dla 4 osób.

Wolno gotowany kurczak

TREŚĆ

- 1 łyżka masła
- 1 szklanka posiekanej cebuli
- 1/2 łyżeczki mielonego czosnku
- 1 1/2 szklanki ketchupu pomidorowego
- 1/2 szklanki dżemu morelowego lub brzoskwiniowego
- 3 łyżki octu jabłkowego
- 2 łyżki sosu Worcestershire
- 2 łyżeczki płynnego dymu
- 2 łyżki melasy
- zetrzeć ziele angielskie
- 1/4 łyżeczki świeżo zmielonego czarnego pieprzu
- 1/8 do 1/4 łyżeczki mielonego pieprzu cayenne
- 1 kg piersi z kurczaka bez kości
- 1 funt udek z kurczaka bez kości

PRZYGOTOWANIE

1. Rozpuść masło na średniej patelni na średnim ogniu. Gdy masło się roztopi, dodajemy posiekaną cebulę i smażymy, mieszając, aż cebula będzie miękka i lekko zrumieniona. Dodać posiekany czosnek i smażyć, mieszając, jeszcze około 1 minuty. Dodać ketchup, konfiturę morelową, ocet, sos Worcestershire, płynny dym, melasę, ziele angielskie, czarny pieprz i paprykę. Gotuj przez 5 minut.
2. Umieść 1 1/2 szklanki sosu w powolnej kuchence.
3. Zarezerwuj pozostały sos; przełożyć do pojemnika i przechowywać w lodówce do momentu podania. Dodaj kawałki kurczaka do wolnowaru. Przykryj i gotuj na poziomie LOW przez 4 1/2 do 5 godzin lub do momentu, aż kurczak będzie miękki i łatwo się rozpadnie. Kawałki kurczaka rozdrobnić widelcem.
4. Podawać na podpieczonych bułeczkach z sałatką coleslaw i dodatkowym sosem barbecue.
5. W menu znajdziemy także sałatkę ziemniaczaną lub pieczone ziemniaki z fasolką po bretońsku, pokrojonymi w plasterki piklami i pomidorami. Lubię sałatkę coleslaw i grillowane pikle, ale inne dodatki mogą obejmować krążki papryczek jalapeno, cienko pokrojoną czerwoną cebulę, zwykłą szatkowaną kapustę i pokrojone w plasterki pomidory lub ogórki.
6. 8 osób.

Wędzona kiełbasa i kapusta

TREŚĆ

- 1 mała główka kapusty, grubo posiekana

- 1 duża cebula, grubo posiekana

- 1 do 2 funtów pasztetu z indyka lub kiełbasy wędzonej kiełbasy, pokrojonej na 1–2-calowe kawałki

- 1 szklanka soku jabłkowego

- 1 łyżka musztardy dijon

- 1 łyżka octu jabłkowego

- 1 do 2 łyżek brązowego cukru

- 1 łyżeczka nasion kminku, według uznania

- pieprz do smaku

PRZYGOTOWANIE

1. Umieść kapustę, cebulę i kiełbasę w wolnowarze o pojemności 5 lub 6 litrów (aby przygotować

garnek o pojemności 3 1/2 litra, użyj mniej kapusty lub smaż przez około 10 minut, następnie odcedź i dodaj). Jeśli używasz, połącz sok, musztardę, ocet, brązowy cukier i nasiona kminku; Wlać składniki wolnowaru. Posypać pieprzem do smaku. Przykryj i gotuj na małym ogniu przez 8 do 10 godzin. Podawać z ziemniakami i zieloną sałatą, według uznania.

Kurczak z ryżem hiszpańskim

TREŚĆ

- 4 połówki piersi kurczaka bez skóry
- 1/4 łyżeczki soli
- 1/4 łyżeczki pieprzu
- 1/4 łyżeczki czerwonej papryki
- 1 łyżka oleju roślinnego
- 1 średnia cebula, posiekana
- 1 mała czerwona papryka, posiekana (lub posiekana pieczona czerwona papryka)
- 3 ząbki czosnku, posiekane
- 1/2 łyżeczki suszonego rozmarynu
- 1 puszka (14 1/2 uncji) pokruszonych pomidorów
- 1 opakowanie (10 uncji) mrożonego groszku

PRZYGOTOWANIE

1. Kurczaka dopraw solą, pieprzem i papryką. Na patelni rozgrzewamy olej i smażymy kurczaka ze wszystkich stron na średnim ogniu. Przenieś kurczaka do wolnowaru.
2. Połącz pozostałe składniki oprócz mrożonego groszku w małej misce. Polej kurczaka. Przykryj i

gotuj przez 7 do 9 godzin na niskim poziomie lub 3 do 4 godzin na wysokim poziomie. Na godzinę przed podaniem groszek opłucz na durszlaku pod ciepłą wodą, a następnie dodaj do garnka. Podawaj to danie z kurczaka z gorącym gotowanym ryżem.

Udka z kurczaka Tamy na grillu

TREŚĆ

- 6 do 8 mrożonych udek z kurczaka

- 1 butelka gęstego sosu barbecue

PRZYGOTOWANIE
1. Włóż zamrożone udka z kurczaka do wolnowaru. Polej je sosem barbecue. Przykryj i gotuj na poziomie HIGH przez 6 do 8 godzin.
2. •Uwaga: Jeśli zaczynasz od rozmrożonego udka z kurczaka, możesz najpierw usunąć skórę lub obsmażyć je i gotować na poziomie LOW przez 6 do 8 godzin, aby zredukować ilość tłuszczu.

Mozzarella z kurczakiem duszona w Tamino

TREŚĆ

- 4 udka z kurczaka
- 2 łyżki przypraw, czosnek, pieprz
- 1 opakowanie cukinii w sosie pomidorowym
- 4 uncje startego sera Mozzarella

PRZYGOTOWANIE

1. Włóż kurczaka do wolnowaru i posyp przyprawami. Na kurczaka wylewamy cukinię z sosem pomidorowym. Przykryj i gotuj na poziomie LOW przez 6 do 8 godzin. Posypać serem i piec aż ser się roztopi, około 30 minut.

Mięso z kurczaka z białą papryką

TREŚĆ

- 4 połówki piersi kurczaka bez kości i skóry, pokrojone na 1/2-calowe kawałki
- 1/2 szklanki posiekanego selera
- 1/2 szklanki posiekanej cebuli
- 2 puszki (po 14,5 uncji każda) duszonych pomidorów, posiekanych
- 16 uncji. Miód. salsa lub sos picante
- 1 puszka ciecierzycy lub odsączonej fasoli
- 6 do 8 uncji. pokrojone w plasterki grzyby
- Oliwa z oliwek

PRZYGOTOWANIE

1. Usmaż kurczaka na 1 łyżce oliwy z oliwek. Posiekaj seler, cebulę i grzyby. Połącz wszystkie składniki w dużej powolnej kuchence; wymieszać i gotować na małym ogniu przez 6-8 godzin. Podawać z chrupiącym pieczywem lub chipsami taco. • Jeśli lubisz ostre, użyj ostrej salsy lub sosu picante.

Kurczak i czarna fasola w wolnym gotowaniu

TREŚĆ

- 3 do 4 piersi z kurczaka bez kości, pokrojonych w paski
- 1 puszka (12 do 15 uncji) kukurydzy, odsączonej
- 1 puszka (15 uncji) czarnej fasoli, przepłukana i odsączona
- 2 łyżeczki kminku
- 2 łyżeczki papryki
- 1 cebula przekrojona na pół i pokrojona w cienkie plasterki
- 1 zielona papryka pokrojona w paski
- 1 puszka (14,5 uncji) pokrojonych w kostkę pomidorów
- 1 puszka (6 uncji) koncentratu pomidorowego

PRZYGOTOWANIE

1. Wymieszaj wszystkie składniki w powolnej kuchence. Przykryj i gotuj na małym ogniu przez 5 do 6 godzin.
2. W razie potrzeby udekoruj tartym serem Cheddar. Podawaj kurczaka fiesta i czarną fasolę z ciepłymi tortillami z mąki lub ryżem.

3. dla 4 osób.

Kurczak i sos, wolnowar

TREŚĆ

- 1 torebka sezonowanej mieszanki farszu, od 14 do 16 uncji
- 3 do 4 szklanek ugotowanego, pokrojonego w kostkę kurczaka
- 3 pudełka kremu z kurczaka
- 1/2 szklanki mleka
- 1 do 2 szklanek startego sera Cheddar

PRZYGOTOWANIE

1. Przygotować masę wypełniającą zgodnie z instrukcją na opakowaniu i umieścić ją w 5-litrowym pojemniku. Wymieszaj 2 puszki kremu z rosołu. W misce wymieszaj pokrojonego w kostkę kurczaka, 1 puszkę kremu z rosołu i mleko. Rozsmaruj na nadzieniu w powolnej kuchence. Posypać na nim serem. Przykryj i gotuj na małym ogniu przez 4 do 6 godzin lub na wysokim przez 2 do 3 godzin.
2. Przeznaczony jest dla 6 do 8 osób.

Kurczak i grzyby, wolnowar

TREŚĆ

- 6 połówek piersi kurczaka, z kością, bez skóry
- 1 1/4 łyżeczki. sól
- 1/4 łyżeczki. pieprz
- 1/4 łyżeczki. czerwona papryka
- 2 łyżeczki granulatu bulionowego z kurczaka
- 1 1/2 szklanki pokrojonych w plasterki grzybów
- 1/2 szklanki pokrojonej szalotki
- 1/2 szklanki białego wytrawnego wina
- 2/3 szklanki skondensowanego mleka
- 5 łyżeczek. Skrobia kukurydziana
- Posiekana świeża pietruszka
-

gorący ugotowany ryż

PRZYGOTOWANIE
1. W małej misce wymieszaj sól, pieprz i paprykę. Całą mieszaninę wetrzyj w kurczaka.
2. W powolnym naczyniu umieszczaj na przemian kurczaka, kostkę bulionową, grzyby i szalotkę. Wlać wino. NIE MIESZAJ.

3. Przykryj i gotuj na poziomie WYSOKIM przez 2 1/2 do 3 godzin lub NISKIM przez 5 do 6 godzin lub do momentu, aż kurczak będzie miękki, ale odpadnie od kości. Jeśli to możliwe, posmaruj jedną mniej więcej w połowie pieczenia.
4. Kurczaka i warzywa wyjmij łyżką cedzakową na talerz.
5. Przykryj folią i trzymaj w cieple.
6. W małym rondlu wymieszaj skondensowane mleko i skrobię kukurydzianą, aż uzyskasz gładką masę. Powoli dodaj 2 szklanki płynu z gotowania. Doprowadzić do wrzenia, mieszając, na średnim ogniu i gotować przez 1 do 2 minut lub do momentu, aż zgęstnieje.
7. Częścią sosu polej kurczaka i udekoruj posiekaną natką pietruszki. Pozostały sos podawaj z boku.
8. Podawać z gorącym ugotowanym ryżem.

Ryż z kurczakiem i parmezanem, powolne gotowanie

TREŚĆ

- 1 koperta mieszanki zupy cebulowej
- 1 puszka (10 3/4 uncji) zagęszczonej zupy-kremu z grzybów, o obniżonej zawartości tłuszczu
- 1 puszka (10 3/4 uncji) skondensowanej śmietanki z bulionu drobiowego, o obniżonej zawartości tłuszczu
- 1 1/2 szklanki odtłuszczonego lub odtłuszczonego mleka
- 1 kieliszek białego wytrawnego wina
- 1 szklanka białego ryżu
- 6 piersi z kurczaka bez kości i skóry
- 2 łyżki masła
- 2/3 szklanki startego parmezanu

PRZYGOTOWANIE

1. Wymieszaj zupę cebulową, zagęszczoną zupę-krem, mleko, wino i ryż. Spray Crock Pot z pam. Na patelnię włóż piersi z kurczaka, posmaruj 1 łyżeczką masła, polej wszystko zupą, po czym posyp parmezanem. Gotuj przez 8 do 10 godzin na niskim poziomie lub 4 do 6 godzin na wysokim poziomie. Usługa 6.

Kurczak i krewetki

TREŚĆ

- 2 kg kurczaka, podudzie i pierś bez kości, pozbawione skóry, pokrojone na kawałki
- 2 łyżki oliwy z oliwek z pierwszego tłoczenia
- 1 szklanka posiekanej cebuli
- 2 ząbki czosnku, posiekane
- 1/4 szklanki posiekanej natki pietruszki
- 1/2 kieliszka białego wina
- 1 duża puszka (15 uncji) sosu pomidorowego
- 1 łyżeczka suszonej bazylii
- 1 funt niegotowanych krewetek, obranych i oczyszczonych
- sól i świeżo zmielony czarny pieprz do smaku
- 1 funt fettuccine, linguine lub spaghetti

PRZYGOTOWANIE

1. Rozgrzej oliwę z oliwek na dużej patelni lub patelni na średnim ogniu. Dodaj kawałki kurczaka i smaż, mieszając, aż lekko się zarumienią. Wyjmij kurczaka z wolnowaru.
2. Na patelnię wlej odrobinę oliwy i smaż cebulę, czosnek i pietruszkę przez około 1 minutę. Zdjąć z

ognia i wymieszać z winem, sosem pomidorowym i suszoną bazylią. Wlać mieszaninę na kurczaka w powolnej kuchence.
3. Przykryj i gotuj na poziomie LOW przez 4 do 5 godzin.
4. Dodaj krewetki, przykryj i gotuj na poziomie LOW przez kolejną godzinę.
5. Doprawić solą i świeżo zmielonym czarnym pieprzem.
6. Makaron ugotuj we wrzącej osolonej wodzie tuż przed gotowaniem zgodnie z instrukcją na opakowaniu.

Przepis na kurczaka i farsz

TREŚĆ

- 4 piersi z kurczaka bez kości i skóry
- 4 plastry sera szwajcarskiego
- 1 puszka (10 1/2 uncji) zagęszczonego kremu z rosołu
- 1 puszka (10 1/2 uncji) skondensowanej zupy kremowo-grzybowej
- 1 szklanka bulionu z kurczaka
- 1/4 szklanki mleka
- 2 do 3 szklanek mieszanki farszu ziołowego Pepperidge Farm lub domowej roboty mieszanki farszu
- 1/2 szklanki roztopionego masła • Zobacz notatki Sandy
- pieprz i sól do smaku

PRZYGOTOWANIE

1. Posolić i popieprzyć pierś kurczaka; Umieść piersi z kurczaka w powolnej kuchence.

2. Wlać bulion do piersi kurczaka.

3. Na każdą pierś połóż plaster sera szwajcarskiego.

4. Połącz obie puszki zupy i mleka. Powstałą zupą polej piersi kurczaka.

5. Posyp wszystko mieszanką nadzienia. Wlać na nią roztopione masło.

6. Gotuj na małym ogniu przez 6-8 godzin.

Pierś z kurczaka z kremowym sosem kreolskim

TREŚĆ

- 1 pęczek dymki (6-8, z największą ilością zielonych części)
- 2 plasterki boczku
- 1 łyżeczka przyprawy kreolskiej lub cajun
- 3 łyżki masła
- 4 łyżki mąki
- 3/4 szklanki bulionu z kurczaka
- 1 do 2 łyżek koncentratu pomidorowego
- 4 połówki piersi kurczaka bez kości
- 1/4 do 1/2 szklanki pół na pół lub mleka

PRZYGOTOWANIE

1. Rozpuść masło w rondlu na średnio-małym ogniu. Dodać cebulę i boczek, smażyć i mieszać przez 2 minuty. Dodać mąkę, wymieszać i smażyć kolejne 2 minuty. dodaj bulion z kurczaka; Gotuj, aż zgęstnieje i dodaj koncentrat pomidorowy. Umieść piersi z kurczaka w wolnowarze/garnku; Dodaj

mieszaninę sosu. Przykryć i gotować na małym ogniu przez 6 do 7 godzin, wymieszać po 3 godzinach. Mieszaj mleko około 20 do 30 minut przed jego zakończeniem. Podawać z makaronem lub ryżem.
2. dla 4 osób.

Kurczak chili z hominy

TREŚĆ

- 2 funty piersi z kurczaka bez kości i skóry, pokrojone na kawałki o wielkości od 1 do 1 1/2 cala
- 1 średnia cebula, posiekana
- 3 ząbki czosnku pokrojone w cienkie plasterki
- 1 puszka (15 uncji) białego hominina, odsączona
- 1 puszka (14 uncji) pokrojonych w kostkę pomidorów, bez odsączenia
- 1 puszka (28 uncji) pomidorów, odsączonych i posiekanych
- 1 puszka (4 uncje) jasnozielonej papryki

PRZYGOTOWANIE

1. Wymieszaj wszystkie składniki w powolnej kuchence; Mieszaj do połączenia wszystkich składników. Przykryj i gotuj na niskim poziomie przez 7 do 9 godzin lub na wysokim poziomie przez 4 do 4 1/2 godziny.
2. Przeznaczony jest dla 4 do 6 osób.

kurczak jest pyszny

TREŚĆ

- 6 do 8 połówek piersi kurczaka bez kości i skóry
- sok cytrynowy
- pieprz i sól do smaku
- sól selerowa lub sól sezonowana według własnego uznania
- papryka do smaku
- 1 opakowanie zupy krem z selera
- 1 opakowanie kremu zupy grzybowej
- 1/3 kieliszka białego wytrawnego wina
- Zetrzyj parmezan według własnego uznania
- Ugotowany ryż

PRZYGOTOWANIE

1. Opłucz kurczaka; wysusz to. Doprawić do smaku sokiem z cytryny, solą, pieprzem, solą selerową i papryką. Umieść kurczaka w powolnej kuchence. W średniej misce połącz zupy z winem. Wylać na pierś z kurczaka. Posypać parmezanem. Przykryj i gotuj na małym ogniu przez 6 do 8 godzin.

Podawaj sos z kurczaka na gorącym ugotowanym ryżu i zetrzyj parmezan.
2. Przeznaczony jest dla 4 do 6 osób.

Enchilady z kurczaka w powolnej kuchence

TREŚĆ

- 1 opakowanie. pierś z kurczaka (1 - 1 1/2 funta)
- 1 słoik sosu z kurczaka
- 14 uncji posiekanych zielonych chili z puszki
- 1 posiekana cebula
- Chleb kukurydziany
- Startego sera

PRZYGOTOWANIE

1. Połącz kurczaka, sos, zieloną paprykę i posiekaną cebulę w powolnej kuchence; Przykryj i gotuj na poziomie LOW przez 5 do 6 godzin. Wyjąć kurczaka z sosu i pokroić. Na chleb kukurydziany wylać kurczaka i sos. Posypujemy wierzch tartym serem i zwijamy w rulon. Umieścić w naczyniu do pieczenia. Polać nadmiarem sosu i posypać odrobiną startego sera. Piec w temperaturze 350°C przez około 15 do 20 minut.
2. Przeznaczony jest dla 4 do 6 osób.

Kurczak Las Vegas

TREŚĆ

- 6 piersi z kurczaka bez kości i skóry
- 1 opakowanie kremu zupy grzybowej
- 1/2 kubka. kwaśna śmietana
- 1 (6 uncji) słoik suszonej, mielonej wołowiny

PRZYGOTOWANIE

1. Wymieszaj zupę, śmietanę i wędliny. Obtocz kurczaka w mieszance, dobrze go pokryj; włożyć na patelnię. Pozostałą mieszaniną polej kurczaka. Przykryj i gotuj na poziomie LOW przez 5 do 7 godzin, aż kurczak będzie miękki, ale nie suchy. Podawać z gorącym ugotowanym ryżem lub makaronem.
2. Usługa 6.

Paryski kurczak z wolnowaru

TREŚĆ

- 6 do 8 połówek piersi kurczaka
- sól, pieprz i papryka
- 1/2 szklanki białego wytrawnego wina
- 1 (10 1/2 uncji) kremowa zupa grzybowa
- 8 uncji pokrojonych w plasterki grzybów
- 1 szklanka kwaśnej śmietany
- 1/4 szklanki mąki

PRZYGOTOWANIE

1. Pierś z kurczaka posyp solą, pieprzem i papryką. Umieścić w powolnej kuchence. Mieszaj wino, bulion i grzyby, aż dobrze się połączą. Polej kurczaka. Posyp czerwonym pieprzem. Przykryj i gotuj przez 6 do 8 godzin lub do momentu, aż kurczak będzie miękki, ale nie suchy. Wymieszaj śmietanę i mąkę; Dodaj do zapiekanki. Piec kolejne 20 minut, aż się zarumieni.
2. Podawać z ryżem lub makaronem.
3. Przeznaczony jest dla 6 do 8 osób.

Zapiekanka z kurczakiem Reuben, wolnowar

TREŚĆ

- 32 uncje kiszonej kapusty (słoik lub torebka), opłucz i odcedź
- 1 szklanka sosu rosyjskiego
- 4 do 6 połówek piersi kurczaka bez kości i skóry
- 1 łyżka przygotowanej musztardy
- 1 szklanka startego sera szwajcarskiego lub Monterey Jack

PRZYGOTOWANIE

1. Na dnie miski ułóż połowę kiszonej kapusty. Wlać 1/3 szklanki sosu; Połóż na wierzchu 2-3 piersi z kurczaka i posmaruj je musztardą. Na wierzch połóż pozostałą kapustę kiszoną i pierś kurczaka; Wlać kolejną 1/3 szklanki sosu, a pozostałą 1/3 szklanki sosu zarezerwować do podania.
2. Przykryj i gotuj na wolnym ogniu przez około 4 godziny lub do momentu, aż kurczak będzie ugotowany i miękki. Posypać serem szwajcarskim i piec aż ser się roztopi.
3. Podawać z przygotowanym sosem.
4. Przeznaczony jest dla 4 do 6 osób.

Kurczak z żurawiną

TREŚĆ

- 6 piersi z kurczaka bez skóry i kości

- 1 mała posiekana cebula

- 1 szklanka świeżej żurawiny

- 1 łyżeczka soli

- 1/4 łyżeczki mielonego cynamonu

- 1/4 łyżeczki mielonego imbiru

- 3 łyżki brązowego cukru lub miodu

- 1 szklanka soku pomarańczowego

- Zmieszaj 3 łyżki mąki z 2 łyżkami zimnej wody

PRZYGOTOWANIE

1. Wszystkie składniki oprócz mąki i wody umieścić w wolnowarze lub garnku. Przykryj i gotuj, aż kurczak będzie miękki, od 6 do 7 godzin. Przez ostatnie 15 do 20 minut dodaj mieszaninę mąki i

piecz, aż zgęstnieje. Posmakuj i dostosuj przyprawy.
2. dla 4 osób.

Kurczak z sosem i sosem, wolnowar

TREŚĆ

- 1 opakowanie (6 uncji) sezonowanego farszu (mieszanka nadzienia z płyty kuchennej)
- 1 duży ziemniak pokrojony w małą kostkę
- 1 pęczek posiekanej dymki
- 2 posiekane żeberka selera
- 1/2 szklanki wody
- 3 łyżki masła, podzielone
- 1 łyżeczka przyprawy do drobiu, podzielona
- 1 do 1 1/2 funta udek lub piersi z kurczaka bez kości
- 1 słoik (12 uncji) sosu do kurczaka, np. Heinz Homestyle Chicken Gravy

PRZYGOTOWANIE

1. Na lekko naoliwionej lub spryskanej patelni połącz pokrojone w kostkę ziemniaki, szalotki, seler, 2 łyżki roztopionego masła i 1/2 szklanki wody z kruszonką. Posypać około 1/2 łyżeczki przyprawy

do drobiu. górny farsz z kawałkami kurczaka; Skropić pozostałym masłem i przyprawą do drobiu. Sosem polej kurczaka. Przykryj i gotuj na małym ogniu przez 6 do 7 godzin.

Kurczak z makaronem i wędzonym serem gouda

TREŚĆ

- 1 1/2 kg kurczaka bez kości

- 2 małe cukinie, przekrojone na pół i pokrojone w plasterki o grubości 1/8 cala

- 1 opakowanie mieszanki sosu do kurczaka (około 1 uncji)

- 2 łyżki wody

- pieprz i sól do smaku

- najlepiej szczypta świeżo zmielonej gałki muszkatołowej

- 8 uncji wędzonego sera Gouda, startego

- 2 łyżki skondensowanego mleka lub jasnej śmietanki

- 1 duży posiekany pomidor

- 4 szklanki ugotowanego makaronu lub małego makaronu ze skorupiakami

PRZYGOTOWANIE
1. Pokrój kurczaka w 1-calową kostkę; włożyć na patelnię. Dodać cukinię, mieszankę sosów, wodę i przyprawy. Przykryj i gotuj na małym ogniu przez 5 do 6 godzin. Na ostatnie 20 minut lub w trakcie gotowania makaronu do garnka dodajemy

wędzony ser gouda, mleko lub śmietanę i pokrojone w kostkę pomidory. Ugotowany makaron wmieszać do gorącej mieszanki.
2. Przepis na kurczaka przeznaczony jest dla 4 osób.

Kurczak z grzybami i cebulą perłową, wolnowar

TREŚĆ

- 4 do 6 połówek piersi kurczaka bez kości, pokrojonych na 1-calowe kawałki
- 1 puszka (10 3/4 uncji) kremu z kurczaka lub kremu z kurczaka i zupy grzybowej
- 8 uncji pokrojonych w plasterki grzybów
- 1 torebka (16 uncji) mrożonej cebuli perłowej
- pieprz i sól do smaku
- posiekana natka pietruszki do dekoracji

PRZYGOTOWANIE

1. Umyj i osusz kurczaka. Pokrój na kawałki o wielkości około 1/2 do 1 cala i umieść w dużej misce. Dodać bulion, grzyby i cebulę; wymieszać, aby połączyć. Spryskaj wolnowar sprayem kuchennym.
2. Wlać mieszaninę kurczaka do naczynia żaroodpornego, doprawić solą i pieprzem.
3. Doprowadź do wrzenia i gotuj na LOW przez 6 do 8 godzin, mieszając, jeśli to możliwe, mniej więcej w połowie czasu gotowania.
4. W razie potrzeby udekoruj świeżo posiekaną natką pietruszki i podawaj z gorącym gotowanym ryżem lub ziemniakami.
5. Przeznaczony jest dla 4 do 6 osób.

Kurczak z ananasem

TREŚĆ

- 1 do 1 1/2 funta polędwiczek z kurczaka, pokrojonych na 1-calowe kawałki
- 2/3 szklanki dżemu ananasowego
- 1 łyżka plus 1 łyżeczka sosu teriyaki
- Cienko pokrojone 2 ząbki czosnku
- 1 łyżka suszonej, posiekanej cebuli (lub 1 pęczek świeżej, posiekanej cebuli dymki)
- 1 łyżka soku z cytryny
- 1/2 łyżeczki mielonego imbiru
- ostra czerwona papryka do smaku
- 1 opakowanie (10 uncji) groszku cukrowego, rozmrożonego

PRZYGOTOWANIE
1. Umieść kawałki kurczaka w powolnej kuchence/garnku.

2. Wymieszać dżem, sos teriyaki, czosnek, cebulę, sok z cytryny, imbir i paprykę; Dobrze wymieszać. Połóż łyżkę na kurczaku.
3. Przykryj i gotuj na małym ogniu przez 6 do 7 godzin. Na ostatnie 30 minut dodać groszek.
4. dla 4 osób.

Kurczak Kapitan Kraju

TREŚĆ

- 2 średnie jabłka Granny Smith, bez skórki i kostek (nieobrane)

- 1/4 szklanki drobno posiekanej cebuli

- 1 mała zielona papryka, oczyszczona z nasion i drobno posiekana

- 3 ząbki czosnku, posiekane

- 2 łyżki rodzynek lub porzeczek

- 2 do 3 łyżeczek curry

- 1 łyżeczka mielonego imbiru

- 1/4 łyżeczki mielonej papryki lub do smaku

- 1 puszka (około 14 1/2 uncji) pokrojonych w kostkę pomidorów

- 6 piersi z kurczaka bez kości i skóry

- 1/2 szklanki bulionu z kurczaka

- 1 szklanka przetworzonego białego ryżu długoziarnistego

- 1 funt średnich lub dużych krewetek, w skorupach i devein, niegotowanych, według uznania

- 1/3 szklanki startych migdałów

- Sól koszerna

- Posiekana pietruszka

PRZYGOTOWANIE
1. W wolnowarze o pojemności od 4 do 6 litrów połącz posiekane jabłko, cebulę, paprykę, czosnek, złote rodzynki lub porzeczki, curry w proszku, imbir i mielony pieprz; wymieszać pomidory.
2. Połóż kurczaka na mieszance pomidorów, lekko nachodząc na siebie. Wlać bulion z kurczaka na połówki piersi z kurczaka. Przykryj i gotuj na poziomie LOW, aż kurczak będzie miękki po nakłuciu widelcem, około 4 do 6 godzin.
3. Przenieś kurczaka na ciepły talerz, luźno przykryj i trzymaj w cieple w piekarniku lub szufladzie do podgrzewania w temperaturze 200°F.
4. Wymieszaj ryż z płynem do gotowania. Podnieś temperaturę do wysokiej; Przykryj i gotuj, mieszając raz lub dwa razy, aż ryż będzie prawie miękki, około 35 minut. Wymieszaj krewetki, jeśli używasz; przykryj i gotuj przez około 15 minut, aż środek krewetek stanie się nieprzezroczysty; Wytnij w celu przetestowania.
5. W międzyczasie podsmaż migdały na małej patelni z powłoką nieprzywierającą na średnim ogniu, mieszając od czasu do czasu, aż uzyskają złoty kolor. Zostaw to na boku.
6. Posolić mieszankę ryżową przed podaniem. Wlać na gorący talerz do serwowania; Na wierzchu ułóż kurczaka. Posyp natką pietruszki i migdałami.

Kurczak i grzyby na podwórku

TREŚĆ

- 1 słoik sosu wiejskiego

- 4 do 6 piersi z kurczaka

- 8 uncji pokrojonych grzybów

- pieprz i sól do smaku

PRZYGOTOWANIE
1. Wymieszaj wszystkie składniki; Przykryj i gotuj na małym ogniu przez 6 do 7 godzin. Podawać z ryżem lub makaronem.
2. Przeznaczony jest dla 4 do 6 osób.

kurczak z żurawiną

TREŚĆ

- 2 kg piersi z kurczaka bez kości i skóry
- 1/2 szklanki posiekanej cebuli
- 2 łyżeczki oleju roślinnego
- 2 łyżeczki soli
- 1/2 łyżeczki mielonego cynamonu
- 1/4 łyżeczki mielonego imbiru
- 1/8 łyżeczki mielonego kokosa
- Zetrzyj zmielony pieprz
- 1 szklanka soku pomarańczowego
- 2 łyżeczki drobno startej skórki pomarańczowej
- 2 szklanki świeżej lub mrożonej żurawiny
- 1/4 szklanki brązowego cukru

PRZYGOTOWANIE
1. Na oleju podsmaż kawałki kurczaka i cebulę; posypać solą.
2. Do garnka dodaj smażonego kurczaka, cebulę i pozostałe składniki.
3. Przykryj i gotuj na poziomie LOW przez 5 1/2 do 7 godzin.

4. W razie potrzeby pod koniec gotowania zagęścić sok mieszanką około 2 łyżek skrobi kukurydzianej wymieszanych z 2 łyżkami zimnej wody.

5.

www.ingramcontent.com/pod-product-compliance
Lightning Source LLC
LaVergne TN
LVHW021709060526
838200LV00050B/2569